ちくま新書

歴史学はこう考える

松沢裕作
Matsuzawa Yusaku

1815

歴史学はこう考える【目次】

はじめに――歴史家は何をしているのか

私は歴史家です。「歴史家」という日本語の単語の響きは、「歴史学者」よりも少し重々しく響くので、自称するのはちょっと気恥ずかしいという同業者もいるのですが、とりあえず本書では、私や、私の同業者と言えそうな人たちを広く「歴史家」と呼ぶことにします。

そして、本書は「ちくま新書」という新書シリーズの一冊です。歴史家が書いた新書というのは、それぞれの新書レーベルからそれなりの点数が出版されています。大規模書店の新書コーナーにいけば、そうした本を何十冊と見つけることができるはずです。あるいは、この本を手に取っているみなさんも、そのうちの何冊かを手にしたり読んだりしたことがあるかもしれません。歴史家が書いた新書は、たいてい、過去に起きた事件や、人物の一生や、過去の社会のありさまを、専門家ではない読者にも伝わるように述べています。私自身、そうした新書を書いたことがあります。

しかし、歴史家とはいったい何者なのでしょうか。歴史について書いたり語ったり述べたりすることは、「歴史家」を名乗らない人でも、ごく普通におこなっていることです（たとえば政治家が演説で「我が国の歴史」に触れるような場面を考えてみてください）。さらに広く、過去の出来事について何かを言うということまで話を広げれば、「一年前」「先週」「このあいだ」「きのう」、あるいは「むかしは」といった単語を使いながら、多くの人が日常的に過去についての会話を交わしています。そうしたいろいろな歴史語りや日常会話と、歴史家の書く論文や歴史書は、どこが同じで、どこが違っていて、どのような関係にあるのでしょうか。

本書を手に取ったみなさんは歴史家にどのようなイメージをお持ちでしょうか。特に根拠はありませんが、たとえば、次のようなイメージを挙げることができるかもしれません。

①図書館や文書館で史料の山に埋もれて、現代社会のことには興味のない、学問一筋の研究者のイメージ。
②世の中で論争の的となる過去の出来事――たとえば、従軍慰安婦や南京大虐殺、関東大震災時の朝鮮人・中国人虐殺について発言し、「左翼」「右翼」といったレッテルの張ら

れる「イデオロギー」的論争の場に参加する人たちというイメージ。
③テレビ番組の出演者や、この本もそうであるような「新書」の執筆者として、過去について何か面白い話を提供してくれる人というイメージ。

どれも間違っているわけではありません。しかし私はこの三つのどれなんだ、といわれると、「どれでもなさそうですが、あえていうならどれも少しずつやってますし、たぶんそれ以外のこともやっています」ぐらいしか答えることができません。

歴史家たちのあいだでも、それぞれの自己イメージにかなりの差があります。そして、その自己イメージは、その歴史家が、歴史研究を通じて何をやろうとしているのかということと密接にかかわっています。歴史家といっても一枚岩ではないのです。

たとえば、イギリス労働者の歴史の研究で知られたE・P・トムスンという歴史家がいます（本書の第六章でも登場します）。かれは自他ともに認めるマルクス主義者で、一時期は歴史研究をやめて、ヨーロッパでの核兵器反対運動のリーダーとして活動していたこともある人物です。したがって、彼自身は自分が特定の政治的立場に立っていること、彼の歴史研究がその立場、彼の目指している政治的目的と密接不可分であることを恥ずかしいとも隠そうとも思っていなかった人物です。しかし、その彼はインタビューにこたえるなかで、自分のような歴史家とは異なり「世の中に何もコミットするものがないから真の歴史家だ」と考える人たちもいると述べています（E・P・トムスン他『歴史家たち』）。トムスンのように、政治的立場を持っているのが当然と考える人もいれば、むしろそうした立場から離れて、「中立」的に研究するのが歴史家だという人もいるというわけです。

それでは、トムスンの研究はトムスンの政治的立場に共感しない人にとってはまったく意味のないものかといえばそんなことはありません。トムスンの主著『イングランド労働者階級の形成』は、二〇世紀に英語圏で書かれた歴史書のなかで、もっとも影響力の大きかった本の一つと言われます。いま、どのような政治的立場に立つにせよ、一八世紀・一九世紀イギリスの労働者について書こうとする歴史家が、トムスンの『イングランド労働者階級の形成』を読んでいないということはまず考えられません。マルクス主義者トムスンの書いた歴史書が、マルクス主義者でない人たちにとっても意味があるということは、どうして可能なのでしょうか。

私は、その理由の一つは、歴史家と呼ばれる人たちは確かに一枚岩ではなく、お互いの知りたいこと、やりたいことがバラバラであったとしても、その仕事のなかに、何らか共通する部分、およそ歴史家であればやっている、共通する作業のプロセスがあるからではないかと考えています。さきほども述べましたが（そして本書のなかで何回か強調することになりますが）過去について何かを言うことは、別段、歴史家に限られた営みではありません。一方で、歴史家はなんだかんだいって歴史の専門家なので、専門家なりの仕事の仕方というのがあるのも確かです。

「専門家はえらい」ということを言いたいわけではありません。この社会は分業で成り立っているので、いたるところに何かの専門家がいます。そういう分業のなかで、歴史家というのは何を担当している専門家で、その仕事はどういうふうに行われているのか、みんながやっている過去の振り返りという営みのなかで、どの辺が「歴史家っぽい」作業なのかということを考えてみたいわけです。

現在の日本社会では、それなりの量の書物が、歴史学の入門書として出版されています。それらの本に書かれていることは、歴史学の学説の流れについての説明であったり、実際に歴史研究をする際のノウハウであったりします。一方、それらの本では、実際のところ、歴史家が何をやっているのか、歴史学の論文や本というのはどのように書かれているのか、具体的に説明している部分はあまり多くはありません。そこで、この本は、なるべく、歴史家たちが実際に書いた文章に即して、いったいこの人たちは何をしているのかを説明してみたいと思います。

正直に言うと、私は、歴史家が実際にやっていることは、歴史家以外の人びとにはそれほど知られていないのではないかと思っています。さらに正直に言うと、実は歴史家たち自身も自分たちのやっていることをあまりうまく説明できていないのではないかと思っています。

このあと第一章ですぐに触れることになりますが、歴史は案外怖いものです。たとえば、ひとは、ある立場を正当化するために、歴史を持ち出すことがあります。その立場に反対するひとが、「そのような歴史は間違っている」といって反論したりすることも起こります。歴史は結構、「役に立って」しまうのです。そうしたときに、歴史家が歴史を書く際に共有しているプロセスが明かされていれば、論争が際限なく繰り返される可能性は多少なりとも減るかもしれません。

本書は、そうした希望をこめて、歴史家である私が、自分の手の内をさらしつつ、歴史学の仕事を反省的に振り返ることを通じて書かれた書物です。

第一章

歴史家にとって「史料」とは何か

1　根拠としての史料

†史料とは

歴史学の入門書には、たいてい「史料」というものが歴史学にとって不可欠であるということが書かれています。さて、史料とは何でしょうか。

歴史家の仕事は、過去の出来事や状態について、今を生きる人びとに説明することです。歴史家は過去にどのようなことが起きたのか、過去の社会がどのような状態にあったのかを、現在の想定読者に向けて説明します。その際、歴史家は、過去の人間が残した何らかの痕跡をもとに、過去の出来事や状態についての説明をします。

出来事や状態を説明する何らかの根拠となる情報源が史料です。たとえば、ある政治家が特定の時点で何をしていたのかを知るために、その政治家がつけていた日記を読んだりその政治家が書いた手紙を読んだりします。また、ある時代のある地域の土地取引の特徴をみるために、その時代・地域の土地売買契約書を検討したりします。

単純化した例で話をすすめましょう。「山田という人物は、一九〇〇年一〇月一〇日にぼんやり村に五ヘクタールの土地を買った」という文章を書く時に、そうした内容の土地売買契約書が残されていることを根拠として文章が書かれていた場合、その土地売買契約書は、その文章を書いた歴史家にとって史料として用いられていることになるわけです。

†根拠が問われない場合と問われる場合

なぜ根拠が求められるのでしょうか。一般論として「根拠なしにものを言ってはいけない」と言ってしまえばそれまでなのですが、日常生活では、人は結構な割合で、特に根拠なしにものを言っています。山田が土地を買ったのが、一九〇〇年ではなく、つい昨日のことであったと考えてみましょう。「山田、ぼんやり村に土地買ったって」「へー」「金持ちなんだね」「そうだね」という会話をするときに聞き手が、「山田が土地を買ったとあなたが主張する根拠はなんですか」と聞かないということは十分あり得ます。

一方、やはり山田が土地を買ったのが昨日だとして、ある不動産仲介業者の事務所のなかで、一人の社員が、「山田さんはぼんやり村の五ヘクタールの土地を買うことを決めました」と上司に報告したとしましょう。上司は「へー」といって終わりにするわけにはいきません（「それはよかった」と言うかもしれませんが、それで終わりにするわけにもいきません）。部下も上司も、こういうときには、代金はどのように支払われなければならないか、土地の売り手にどのようにそれを伝えるか、土地の登記はどうするかといった諸手続きを熟知しているはずです。その一々について書類が作られるでしょう。つまり、「山田がぼんやり村に五ヘクタールの土地を買った」という出来事を、時間が経った後も示すことができる、根拠となる書類が残されるわけです。

土地を売ったり買ったりするときに作られる典型的な書類は売買契約書ですが、それでは、こうした売買契約書が、根拠として登場するのはどのような場面でしょうか。

安藤と石井が会話をしているとしましょう。安藤が、「山田、ぼんやり村に土地買ったんだって」と言った後に、石井が「本当？　それは確か？」「本当にぼんやり村？　ぽかぽか村じゃないの？」と突っ込みを入れるとすれば、それは石井の側に何か事情がある場合でしょう、（なお、「本当の」とか「本当？」と聞き返すことについてはJ・L・オースティンという哲学者の議論を参考にしています。オースティン『知覚の言語』）。

考えられるのは、石井は山田にお金を貸していてその返済が滞っているとか、石井はそれ以前に山田から「ぽかぽか村に土地を買った」と聞いていたとか、そういう場合です。

さらに、石井が、「山田が土地を買ったというのなら、その契約書を見たい」となれば、よほどの大ごとです。例えば、石井も同時期にぼんやり村に土地を買っていたので、売り主が二重契約をして、石井と山田の双方から代金を受け取っている疑惑が生じた、といったケースが考えられます。この場合、「山田がぼんやり村に土地を買ったかどうか」というのは石井の利害にかかわっているため、「それ本当?」と聞き返すことになるわけです。こうしたケースでは、出来事は裁判に発展する可能性もあり、裁判では、山田の契約書は、「証拠」として扱われることになるでしょう。

†歴史家はなぜ根拠が問われるか

では歴史家の場合はどうでしょうか。今度は、「山田という人物は、一九〇〇年一〇月一〇日にぼんやり村で五ヘクタールの土地を買った」という一文を、歴史家が読者のために書こうとしている状況を仮定してみます。

この一文だけが、何の根拠もなく提示されたとき、読者が思うことは、「本当か?」「根拠は何?」ではなく、「それで?」ということでしょう。これだけでは歴史家が何をやりたいのかわかりません。わからないので、根拠があるのかないのかを聞く気も起きないでしょう。
それでは、歴史家が以下の三つの文章をつなげて書いた場合はどうでしょう。

①山田という人物は、一九〇〇年一〇月一〇日に、ぼんやり村に五ヘクタールの土地を買った。

②一九〇〇年時点のぼんやり村に土地を持っていた一〇〇人のうち、一ヘクタール以上の土地を持っているものは五人しかいなかった。

③したがって、山田は、ぼんやり村のなかでは、広い土地を持っているグループに属している。

読者は、「ああそうですか」で済ますこともできますが、もし突っ込みをいれたい読者がいたとすれば、次のような突っ込みを考えることもできます。

まず、①については、本当は山田が土地を買ったのは一八〇〇年だったりしないか、本当は一ヘクタールだったりしないか、本当は山田じゃなくて岡田が買ったのではないか、という突っ込みが入る可能性があります。

②については、ぼんやり村に土地を持っていた人のうち一ヘクタール以上の土地を持っていたのは、本当は五人じゃなくて五〇人じゃないのか、ぼんやり村に土地を持っていた人の総人数は一〇〇人じゃなくて一〇人じゃないのか、といった突っ込みが入れられるかもしれません。

①②③の文章を読んだだけで、こういう突っ込みを入れる人はそれほど多くはないでしょう。こういう突っ込みをする人として考えられるのは、この文章を書いている歴史家とおなじく、ぼんやり村の歴史について詳しく知っている別の歴史家でしょう。例えばその別の歴史家が、山田という名前の人物が一八九〇年に死んでいるということを知っていたりすれば、「本当に一九〇〇年?」という突っ込みを入れることになるわけです。

もっとも、ぼんやり村について詳しくなくとも、読者のなかには、①②③という三つの文章がつなげて書かれていれば、①、②の文章について「何か根拠はあるのですか」と聞きたくなる人が現れる可能性は高くなります。なぜそうなるかといえば、①②の文章は、③の文章を述べるための前提として使われているからです。つまり、①②が間違っていれば、③は言えなくなってしまいます。そこで、歴史家は、①②を言うために、根拠となる史料、たとえば、「山田が土地を買った時の契約書」とか「一九〇〇年のぼんやり村の土地所有者リスト」などを提示する必要が生じます。

歴史家の叙述は、過去の出来事・状態についての情報を、複数つなぎ合わせて、相互に関連付けることによって成り立っています。ある出来事についての情報は、他の出来事がおきた理由として提示されたり、別の出来事と比較され、その類似と相違点が示されたりします。要するに、それぞれの情報は、何らかの方法で使われるわけです。

多数の出来事や状態についての情報を使うとなれば、一つ一つの情報に根拠がないと、組み立てられた叙述全体が崩れてしまう可能性があります。根拠のない情報を使って、「そこ間違ってますよ」と言われたら、全体としての作業が無駄になってしまうので、根拠がないとまずいわけです。そこで、歴史家は何らか根拠を提示します。歴史家が述べようとしている出来事・状態の時代と、同じ時代に作成された何らかの情報源を「史料」と呼びます。より一般的な語として「資料」という単語がありますが、このような「研究対象と同時代に作成されたもの」という意味を込めるときに、日本の歴史学では「史」の字を用いて「史料」という単語を用いることが多いです。

「山田は一九〇〇年一〇月一〇日に、ぼんやり村に五ヘクタールの土地を買った」という文章を書こうとした場合、一九〇〇年一〇月一〇日付の、山田が買主になっている土地売買契約書が残されていれば、それは史料として用いることができます。およそ根拠というものがすべてそうであるように、史料には、そこに書いてあることが信用できる程度というものがありますが、その話は後に第二章ですることにします。

†史料と先行研究

一方、例えば、二〇二三年に歴史家・田中が書いた論文に「一九〇〇年一〇月一〇日に、山田がぼんやり村に五ヘクタールの土地を買った」と書かれており、それに依拠して（剽窃ではなく、ちゃんと注を付けて田中の論文にそう書いてあると示したうえで）、二〇二四年に、歴史家・渡辺が自分の論文に、「一九〇〇年一〇月一〇日に、山田がぼんやり村に五ヘクタールの土地を買った」と書いた場合、それは史料を用いたことにはなりません。歴史家・渡辺から見て、歴史家・田中の論文は、同じ出来事についてすでに田中が研究した成果です。これを「先行研究」と言いますが、渡辺が田中の論文を根拠にした場合、これは「先行研究に依拠した」ことになります。歴史家はすべてのことを一から調べるわけではないので、先行研究に依拠しても構わないのですが、田中が間違っていれば渡辺も間違うというリスクを負うことにはなります。だから、その情報がその論文にとって大事であると考える場合、渡辺は、田中が根拠とした情報源をたどって史料を確認しなおすことになるでしょう。

「土地売買契約書」と「二〇二三年の論文」は史料と先行研究の両極端で、この二つのあいだにはさまざまな情報源があります。たとえば、一九五〇年に、ぼんやり村の昔のことに興味を持ったぼんやり村の住民が書いた、『ぼんやり村年代記』のなかに、「一九〇〇年一〇月一〇日に、山田がぼんやり村に五ヘクタールの土地を買った」という記述があるとします。『ぼんやり村年代記』が書かれた年からさらに五〇年経った二〇〇〇年に、ぼんやり村の土地所有状況についての論文を書こうとしている歴史家にとって、『ぼんやり村年代記』が史料なのか先行研究なのかは、にわかには決められません。歴史家は、「売買契約書」のようなものを「一次史料」と呼び、『ぼんやり村年代記』のようなもの（つまり、何か本来はほかに情報源があって書かれたであろうもの）を「二次史料」と呼ぶことがありますが、記述対象となっているその瞬間に作成された史料と、現代の歴史家の先行研究のあいだにいろいろな情報源があり、それらはそれぞれにどの程度信頼できるものなのか、と考えた方が、無理して「一次」「二次」と割り切るよりは、歴史家が実際に行っている作業に近いと思われます。したがって、本書では、「一次史料」「二次史料」という言葉は、以後使いません。

†特に根拠のない歴史叙述

もっとも世の中には特に根拠のない過去についての叙述はたくさんあります。たとえば、次のような文章はどうでしょう。

日本を無謀な戦争へと向わせたのは軍部の横暴と専制であると思われているが、私はその陰には幕末から続く日本人の内なる屈辱感がアメリカによる最後通牒であるハル・ノートを突きつけられることによって国家的な規模で頂点に達したのではないかと思っている。

これは、写真家・杉本博司が書いたエッセイの一節です（杉本博司『苔のむすまで』）。これは過去、具体的には一九四一年の日米開戦についての叙述ですが、そこには先行研究への言及も史料上の根拠も示されていません。私は職業歴史家としてそれなりに訓練を受けてしまったので、こういう文章を見ると、「日本を無謀な戦争へと向わせたのは軍部の横暴と専制であると思われているが」の部分に対して、「つまり一般的にはそのように思われているということでしょうが、具体的にはどの先行研究で言われていることですか」、「幕末から続く日本人の内なる屈辱感がアメリカによる最後通牒であるハル・ノートを突きつけられることによって国家的な規模で頂点に達したのではないか」の部分には、「日米開戦当時の政策決定者たちが屈辱感を抱いていたということは何の史料に示されていますか」「一九四一年一一月二六日にハル・ノートを日本側が受領した際に、そうした屈辱感が政策決定者たちの間で高まったということは何の史料に示されていますか」「「屈辱感」がメディアなどを通じて広く「日本人」に共有されており、そうした世論が日米開戦を決定した政府首脳に影響を与えたということを示す史料はどれですか」などと聞きたい衝動を感じますが、こういう文章に出会ったとき、一々突っ込みを入れていたらきりがありません。

ここで言いたいことは、これは現在の専門的歴史家が書く文章ではないが、それでも私には文章の意味はとれるということです。実際、私が歴史家的突っ込みを入れることができるのは、杉本の文章の意味がわかるからです。杉本は、日本とアメリカがかつて戦争をして、日本が敗北したということを読み手は知っているだろう（さらに、「ハル・ノート」

という文書があったことも聞いたことぐらいはあるだろう）ということを前提にして、なぜ戦争が起こったのかという問いをたて、それを日本人の「屈辱感」という要素によって説明しようとしています。これは、ペリー来航とか、日米開戦とか、現在の日本人にとって常識的に知られているであろう出来事を素材にして、「こう考えることもできる」という形で書かれている文章です。

こういう文章が一般に公表され、読まれていること自体を、否定しようとしても仕方がありません。こうした文章は、杉本のような芸術家だけが書くわけではありません。ジャーナリスト、評論家、あるいは歴史学ではない分野を専門とする研究者が書いたこのようなタイプの文章は、ネットでも新聞でも雑誌でも、いくらでも例を挙げることができるはずです。あるいは歴史家自身でさえも、専門的な論文以外の書き物ではこうした文章を書くことはあります。

こうした歴史叙述を、史料的根拠をもつ歴史叙述の不完全版だとみなす必要はありません。歴史家のなかには、こうした特に根拠のない歴史叙述を撲滅したいと思う人もいるのかもしれませんが、撲滅したら世の中が良くなるかどうか、正直私にはわかりません。そもそも、これまでみてきたように、過去についての人びとの叙述に常に根拠が求められるわけでもないからです。世の中にはいろいろなタイプの過去についての叙述があり、それが根拠を問われる程度は、場面によって異なっているのです。「前にきみとそば食べに行ったことがあったじゃない？」「うん」「あの蕎麦屋、去年つぶれたんだって」という類の会話に一々根拠は求められません。一方、杉本のような歴史叙述は、世の中に向けて発表されたものですから、史料に照らして重大な間違いが含まれていれば批判の対象となるでしょうが、そうでない限りは「そういう考え方もあるかな」と受け止められ、読まれてゆくことになるでしょう。

†専門家としての歴史家

そう考えてみると、人間がおこなう、数多の過去の出来事・状態についての叙述の一部に、その出来事・状態について叙述する際に厳密な根拠が求められる類のものがある、ということがわかります。それは「ほとんどの場合、過去のことを述べるのに根拠がなくてもさしつかえはない日常生活」のなかに含まれる特殊な一部分なのです。証拠が求められる法廷や、史料の提示が求められる歴史学の論文、というのはそうした日常生活という海のなかに浮いている島のようなものです。

「山田がぼんやり村に五ヘクタールの土地を買った」についても、論文中の他の情報と組み合わせられるなら、つまり、使われるなら、根拠が必要でしょう? と言ってみたところで、山田にもぼんやりにも興味ないような人から「根拠とか示してくれなくていいよ」と言われてしまえばそれまでです。しかし、歴史家は「根拠として使う以上は、そこ突っ込みたくなるでしょう? 気になるでしょう?」という前提で仕事をしています。

　私がここで言いたいことは、歴史家はいちいち根拠を聞きたがる変わった人たちの集団であるということではありません。日常的には気にしないようなことでも、ある特定の人々の集団だけが気にすることは、世の中にいくらでもあります。そういう特定の人々は「専門家」と呼ばれます。私が言いたいことは、歴史家は、過去の出来事・状態に関するある情報を、別の情報と組み合わせて、まとまった記述をしようとする場合、それらの情報には、根拠が必要であるという前提で仕事をしている専門家のことであるということです。

　では歴史の専門家は、「過去の出来事・状態について提示する情報には根拠を示すこと」というお約束のもとで特殊なゲームをやっているだけなので、そのゲームに参加しない者(「山田やぼんやり村に興味がないから根拠があってもなくてもどうでもいい人」はその一例です）にとっては縁がないのか、というとそういうものでもありません。この世に存在するすべての歴史叙述が、ここで引用した杉本の文章のような、特に根拠のない叙述になってしまったら、それはそれで困るはずです。

多くの場合、私たちは過去についての叙述・発言に突っ込みを入れませんが、突っ込みを入れた方がいいような場面というものは、専門家だけが直面するわけではありません。先にあげた例でいえば、もしかしたら二重売買詐欺にあったかもしれない石井が「山田がぼんやり村に土地買ったって本当?」と突っ込みを入れるのはそういう場面です。

こうしたことはそれなりの頻度で起こるので、人間は、突っ込みを入れずに流してゆく局面と、突っ込みからディフェンスするための根拠を確保しつつ生活してゆく局面の二つの局面を適宜使い分けながら暮らしています。土地を買うときに契約書を取り交わすのは後者の典型例です。山田がぼんやり村に五ヘクタールの土地を買ったとき契約書を取り交わしたとすれば、それは、誰かが「あの土地は山田のものなんかじゃない」と言い出すのを防ぐためでしょう。その時、山田は、土地を買ったという自分の行為を、将来のある時点で根拠をもって示すことができるように、契約書を作ったわけです。山田はもちろん将来の歴史家のために契約書を作ったわけではありませんが、歴史家は、山田の「根拠として示すことができるように」という意思をいわば流用して、歴史を書きます。このように、日常的に行われる「過ぎ去った行為が実際にあったことを根拠をもって示す」という実践と、歴史家の研究は完全に切れているわけではないのです。次の節では、こうした日常と歴史家の専門性のつながりを念頭に置きつつ、例えば一通の契約書のようなものが「史料」として扱われるようになるまでの過程を考えてみたいと思います。

2　記録を残す

†記録しておいた方がよいこと

人間は、一定の記憶と記録をもち、それにもとづいて行動します。たとえば待ち合わせの時間や場所、書類の提出期限や、会議の開催予定といった予定を手帳などに記入しておくことは、ある時点で決められたことを、後になって実行するための仕組みです。

こうした過去の記録がうまくいかないとトラブルが発生します。手帳に記入し忘れたために、予定が重なってしまい先方に謝る羽目に陥ったりすることは日常的によくあるトラブルです。つまり、人びとは、未来に備えて、起きたことを記録し、それをお互い共有することで社会を成り立たせています。このような記録の共有は、社会が機能するための条件だといえるでしょう。

どのくらい記録を残しておくかということは、その案件がどのくらい重大な影響を与えそうかによります。コンビニで飲み物を買うときに一々契約書は交わしませんが（レシートは発行されます）、土地の売買のように、大きな額のお金が動いたり、持ち主は誰かということをはっきりさせておく必要があったりする場合には契約書が作られます。友人とおしゃべりするときに議事録を作成する人はいませんが、何かを決める会議の際には議事録が作られます。それは、会議で何が話し合われ、どのような決定がなされたかを記録しておくことが、そのあとの業務において必要だからです。そうしておかないと、「あの時何を決めたんだっけ」「あの会議でこのように決めたのはどうしてだっけ？」「そもそも会議やったんだっけ？」ということになってしまいます。

†史料の伝来——権利と先例

現在、歴史家が史料として用いるものの多くは、作成された当時の人びとが、今日の私たちが契約書や議事録を残すのと同じように、当時の人びとが、記録として残す必要があったために残ったものです。

例えば、日本中世（おおよそ鎌倉時代・室町時代）を研究対象とした場合、歴史家は、ある土地の売買に際して作られた証文、ある人物をある役職（たとえば「地頭」という役職）に任じた任命状などを史料として用います。「島津家文書」（東京大学史料編纂所所蔵、鎌倉時代の御家人に始まり、江戸時代には大名となった薩摩の武士の家の文書群）や、京都の寺院・東寺に伝わった「東寺百合《ひゃくごう》文書」（「百合」とは、百の箱のことで、江戸時代に百の箱に入れて整理されたことからこの名があります）には、こうした証文や、役職の任命にかかわる文書が多く残されています。

より一般的にいえば、これらは、その文書の持ち主が、その文書に記された土地から上がる収益を手に入れる権利を持っている、あるいは権力を行使する権利を持っていることを示す文書です。したがって、それを受け取った側は、その権利を守るために、この文書を保管しておく動機を持ちます（佐藤進一『新版　古文書学入門』）。

特に、日本中世社会では、権利を保護する裁判所や、その執行機関の力は絶対的ではなく、権利を主張するものは、時として暴力を含む自分の力で権利を実現しなければなりませんでした。ある紛争を解決する基準になるべき法があるかないかということを裁判所が把握していないこともあり、そうした場合、紛争当事者が、自ら「こういう法が存在する」ということを裁判所で立証しなければならない場合すらありました（笠松宏至『徳政令』）。こうした社会では、権利を証明する文書を保管しておくことは、権利を守るために必要不可欠でした。

また、同じく日本中世史家によってよく用いられる史料が、公家の日記です。これも同時代人にとって、日記をつけ、後世に伝える必要があったから作成されたものです。公家たちはさまざまな朝廷の政務・儀礼に参加しますが、その場合に重視されたのは先例です。中世の公家の家は、それぞれランクづけされ、またその家が代々専門とする分野が定まっていて、代々の当主が同じ官職につくことも多くありました。こうなってくると、代々の当主たちは、自分の経験を日記に残し、それを子孫に伝え、マニュアルとして残すようになるのです。詳しく正確な日記をマニュアルとして伝えることは、その家の繁栄にとってプラスにはたらきます。他家の日記を借用して筆写することもおこなわれていました。こうして蓄積された日記は、土地や家屋とともに代々継承される財産となっていったのです（尾上陽介『中世の日記の世界』）。

日本近世（江戸時代）には、江戸幕府のなかで、組織的に日記が作成されるようになります。これはいわば組織の業務日誌です。そのなかでよく知られているものの一つが、幕府の表右筆《おもてゆうひつ》（文書作成にかかわる幕府の役人）が作成した「右筆所日記」（「江戸幕府日記」ともよばれます）です。これは、江戸城内での日々の出来事のうち、重要な情報を総括して日誌の形にまとめたものです。幕府の大目付のなかで、日記作成担当の者（「日記掛大目付」）が、幕府の各部署から情報を集約し、それをもとに表右筆が下書きを作成して、日記掛目付・日記掛大目付がチェックをして文面の確定がおこなわれていました。このように文面確定が複数の役人のチェックのもとでおこなわれるのは、この日記も、幕府の儀礼に関する先例の根拠となる役割をもっていたからです（小宮木代良「江戸幕府右筆所日記について」）。公式の先例集である以上、そこに記録される内容は、後世に参照されるにふさわしい先例かどうかというチェックが必要とされたというわけです。

以上みてきたように、過去の人びとは、自分の権利を守るために、あるいは先例を後任ないし子孫に伝えるために、記録を残しました。これは現代の私たちがおこなっている記録の作成・管理と、広くみれば大きな違いはありません。違いがあるとすれば、「裁判所は権利を守ってくれないから自分で保存しておかなければならない証文の重要性が極めて高い」とか、「儀式が重要なので儀式に関する先例が記された日記の意味が大きい」とか、「代々おなじ役職に就くので、子孫のために記録を残す」といった、記録を残す動機の違いで、それが記録の中身や残し方の違いをもたらします。時代や地域によって、記録しておくべき重要な事柄が何なのかは異なるわけです。

しかし、こうして残された記録は、ときに権利の証明や先例の参照といった、もともと持っていた役割とは異なった目的に用いられることがあります。ある時代、ある時期に、何がおきたのかを記すために、つまり歴史を書くために、当事者（あるいはその子孫や後任）ではない者がその記録を使用する場合です。歴史学者が記録を史料として用いて歴史を書くのは、「記録の目的外使用」です。歴史家は、たとえば鎌倉時代の人が、後世の歴史家に歴史を書いてもらうために残した何かの文献（だけ）を使って歴史を書くわけではありません。そして、鎌倉時代の人が自分や子孫の権利を守るために残した証文は、別に将来の歴史家のために作られたわけではありません。しかし、記録はもともと、ここまで述べてきたような事情で、その時の出来事・状態を未来に伝えるという機能を持っているので、のちの時代の歴史の書き手は、先ほど述べたように、その機能を流用することができるというわけです。

同時に、歴史家の歴史叙述だけが、こうした「記録の目的外使用」なわけではありません。次の節では、こうした「記録の目的外使用」のいくつかの例を紹介してみたいと思います。

3　記録を使う

†スペイン領ラテンアメリカの歴史書

記録が作成者と別の意図をもった誰かによって利用されることは、近い過去の場合には、記録の作成者、記録の想定読者（たとえば部下から上司への報告書であれば、上司が報告書という記録の想定読者です）、それを利用する第三者それぞれの利害や立場と結びついて起こります。

たとえば、スペインによる一六世紀のラテンアメリカ植民地化にかかわった人々、すなわち航海者や征服者たちは、自分の経験を報告書にまとめ、王室に送付しました。これらの記録は、提出者それぞれが自分の功績を強調し、恩賞を獲得することを目的にしており、相互に矛盾する内容を持つこともありました。そこで、スペイン王室は、一五三二年、植民地官僚のゴンサーロ・フェルナンデス・デ・オビエードを公式記録者に任命し、スペイン領ラテンアメリカの植民地化にかかわる事実を、王室のもとで確定しようとしました。オビエードは、王室が保管するラテンアメリカ関係の記録を利用することを認められており、自身の経験や、聞き取りも材料として、一五三五年に『インディアス史総説』を刊行します。

一方、オビエードの論敵であった司祭ラス・カサスは、植民地支配下のラテンアメリカ先住民の悲惨な状況をくりかえし本国に報告し、その政策転換を訴えます。ラス・カサスもまた、さまざまな人物の手になる報告書を入手し、また聞き取りを行い、自分の主張を正当化するために『インディアス史』の執筆を晩年まで続けました。

一五七〇年代になると、スペイン王室は、植民地で先住民へのキリスト教布教・改宗を担っていた修道会の力を削ごうと考えます。修道会の立場からラテンアメリカ植民地化の歴史が書かれることは、修道会の立場を正当化する手段になりかねないと考えたスペイン国王フェリペ二世は、一五七七年、アメリカ大陸の植民地化以前の歴史研究の中止を命じ、すでに執筆中の手稿類を没収します。これに先立ち、一五七一年には、インディアス公式修史官という役職が置かれ、王室がラテンアメリカの歴史を書くことを統制することになります（安村直己「エゴ・ドキュメントの「厚い」読解」）。

オビエードやラス・カサスは航海者・征服者たちの報告書や日誌を利用して、彼ら自身の同時代の歴史を書いたわけですが、彼らの歴史記述に根拠を提供した報告書の書き手の意図がそのままオビエードやラス・カサスの意図と一致するわけではありません。報告書の書き手の目的は自分の事績を王室に訴えることにあったとしても、ラス・カサスが、それを先住民の悲惨な状態を伝える歴史記述に利用するということは可能だったわけです。修道会がこれまでのラテンアメリカ植民地での地位を守るために書こうとした歴史書もまた同様でしょう。これらの書物はある記録を根拠として歴史を書こうとしていますが、それは記録の作成者の目的とはずれている、「記録の目的外使用」です。

一方、オビエードやラス・カサスらの「記録の目的外使用」は、過去に対する好奇心からおこなわれているわけでもありません。それぞれの立場を正当化し、それを裏付ける証拠として、記録が用いられています。スペイン王室もまた、自己の立場を正当化するべく、王室以外の立場から歴史が書かれることを禁止しようとしました。

スペインによるラテンアメリカ植民地化の歴史は、ラス・カサスらにとっては近い過去、いわば彼らにとっての現代史です。現代史は、その人の立場を正当化したり、あるいは相手の主張に反論したりするために用いられることがあります。こうした場合、何の根拠もなしに主張していては説得力がないので、なんらかの記録を用いて歴史が書かれるのですが、その場合、別段歴史を書くために残されたわけではない報告書や日誌が、歴史の書き手によって用いられることになります。

†近世後期日本の「考証」とその用途

それでは、遠く離れた過去に作成された記録が、歴史記述の根拠として用いられる場合、その歴史記述は単純に好奇心のみによって書かれているのかというと、そういうわけでもありません。

一八世紀から一九世紀、近世（江戸時代）後期の日本では、古事記や万葉集などの古代日本の古典を研究する国学者を中心に、根拠に基づいて過去の出来事や習慣などを研究する「考証」のブームが起こりました。純粋な知的好奇心に発する研究も多いのですが、時にそうした「考証」は、政治の場面で重要な意味を持つこともありました（大沼宜規『考証の世紀』）。

典型的な例が、一八二七年、将軍徳川家斉が、朝廷から、最高の官職である太政大臣に任じられた際の手続きや儀礼に関する先例調査です。徳川家の将軍で太政大臣に任じられた例は、徳川家康と秀忠の二例しかなく、かついずれも将軍職を離れたのちの任命でした。現役の将軍である家斉の太政大臣任命には先例がなかったのです。

家斉を太政大臣に任ずる天皇の命令は、これまで将軍を任命するときに用いられてきた「宣旨《せんじ》」という文書の形式ではなく、「詔」というより格式の高い文書でおこなわれることになりました。「詔」がどのように発令されるのかについては、古代に定められた律令のなかに詳細な規定があるのですが、江戸時代には律令に定められているような朝廷の官僚機構はもう存在していません。しかし、幕府はあくまで、朝廷が手続きを省略することなく、律令に定められた通りの手続きで「詔」を出すことを求めました。幕府は、手続きの省略された「詔」が家斉に対して出されることによって、朝廷が幕府を軽視する先例を作ってしまうことをおそれたのです（小野将「近世後期の林家と朝幕関係」）。

こうした際の手続きについてチェックしていたのは幕府の学問を統括する地位にいた林家の当主・林述斎です。一八世紀末に、老中松平定信が主導した「寛政の改革」のなかで、林家は幕府内での地位を高めますが、林述斎のもとでは、幕府の成立史や、諸家の系図集など、歴史の編纂事業が進められていました。この時期には、国学者塙保己一のもと、国学の研究機関として和学講談所という機関も創設されますが、和学講談所も林家の統括のもとにありました。和学講談所では、律令の研究や、古典の校訂・出版（『群書類従』）、平安時代以降の歴史の編纂事業がおこなわれていました（大沼前掲書）。

述斎が、古代の律令を持ち出してきて太政大臣任命の手続きの正確な履行を要求したように、この時期の幕府は、歴史の力を借りて幕府の権威を支えようとしていたのです。「考証」好きの学者たちは、林家のもとに統括されるさまざまな編纂事業で働くことになるのですが、彼らはこのように、幕府の権威を裏付ける古い事実を発掘することで、幕府の「役に立つ」ことができ、またそれをアピールして職を得てもいました。

家斉の太政大臣任命に際しては、その衣服の色までもが問題になりました。儀式の際の衣服については、京都の公家のなかに、その家の職として代々知識（「衣紋道」といいます）を継承している家があり、幕府の儀式の衣服は高倉家という家が指導して決めることになっていました。高倉家は、太政大臣任命の際に、将軍家斉が着る装束の下重（束帯という装束の下着的なものです）の色は「つつじ」色が妥当であるとしますが、高倉家の門弟で、江戸で幕府関係者に装束について意見を述べる立場にあった久留米藩士松岡行義は、

「柳」色が妥当であると主張します。高倉家側は「柳」色は祝い事には用いないので不適当と述べますが、考証家であった松岡は、祝い事に「柳」色の下重を用いた二〇の先例を各種記録から見つけ出して、問題ないと主張しています。松岡は、高倉家が「柳」色の使用を嫌がるのは、古い時代に使われていた「柳」色が使われなくなって久しいので、京都よりも先に江戸の儀式でそれが復活するのを快く思わないのだろうと推測しています。下重の色一つとっても、朝廷から幕府が軽視されることを避けなくてはならない、つまり、家斉の太政大臣任命を幕府の権威を高める機会として生かさなければならないという意識が働いていたことがわかります（大沼前掲書）。

林述斎や松岡行義が用いた根拠となる文献は、いずれも江戸時代以前の、彼らの時代から数百～約千年も隔たった時代に作成されたものです。それを作成した人たちは、彼ら自身の業務を遂行するための記録として残したのであって、のちに江戸幕府がその権威を高めるためにそれを使うことなど想定しようもありません。その記録の作成者たちが働いていた組織はすでに消滅してしまっています。ですから、林述斎や松岡行義がやっていることも、「記録の目的外使用」です。

†使えてしまう記録

記録が残されるのは、さしあたり、記録を残さないと、翌日からの仕事がまわらないからです。ここで紹介した二つの例（一六世紀のラテンアメリカと一九世紀の日本）が示していることは、ある記録が、もともと作られたその仕事にとって必要なくなったからといって、その記録が使われなくなってしまうわけではないことを示しています。

記録は、権利を守ったり先例として残したりするために作成されると同時に、直接の目的を離れても、やはり、何らかの権利を主張したり先例を主張したりするために使われてしまうのです。記録の「目的外使用」だからといって、利害が絡む日々の業務と無関係だとは限りません。しかも、その記録の使われ方は、時間が経てば、生々しい利害から切り離されて、純粋な好奇心に基づくものになるというものでもありません。どんな記録が、どんな目的に、いつ使われるのか、予測がつかないのです。記録には、何年経ったから完全に直接の利害関係から離れるという時点はありません。

これは考えてみるとちょっと怖いことです。人はうっかりすると記録を持ち出して何かを企んでしまうのです。さらにうっかりすると、企んで持ち出してきた結果自分の足元をすくわれることもあります。先の徳川家斉太政大臣任命の一件を例にとると、朝廷から軽んじられないように、細心の注意を払って、正式な「詔」の発令手続きを朝廷におこなわせた林述斎は、将軍の権威を朝廷によって支えてもらう行為をおこなっているとも言えます。つまり、将軍ではなく朝廷の権威上昇に手を貸してしまっているわけです(小野前掲論文)。

このように、記録というものはもともと、時間が経った後でもそこに書かれていることを何かの根拠として示すことが出来るように作られるものなので、別の何かの根拠にも使えるものなのです。歴史家が史料に基づき、学問としておこなっている歴史研究もまた、人間がおこなう、さまざまな「何かの主張の根拠として過去に作成された記録を使うこと」の一事例であるということができるでしょう。

4　歴史学と文書館

†文書館の閲覧席から見える風景

ここまで見てきたことは、第一に、過去の出来事などを記録として残すことは日常生活のいたるところで行われていること、第二に、その記録を、本来の目的とは異なる目的に使用して、何かの主張の根拠として用いることもあちこちで行われてきたということです。そうした記録を用いるさまざまな実践のなかの、ある一つの形が歴史学者による歴史学の研究である、ということになります。

ここで、私自身の個人的な体験を紹介したいと思います。大学生・大学院生の頃、私は毎週のように埼玉県立文書館というところに通って、そこに所蔵されている明治時代の県庁の行政文書や、地域の有力者の家に残された史料を読んでいました。閲覧室で史料を読んでいると、カウンターに座っている文書館の職員さんと閲覧者のあいだで交わされる会話が自然と耳に入ってきます。

そこですぐ気づくのは、ここに来る人は学生や、歴史学の研究をしている人、あるいは地元の歴史を知りたいというような「歴史に関心がある人」だけではない、ということです。

とても多いのは、土地の図面や航空写真を閲覧している業者の人たちです。この人たちは、不動産取引や土木工事にかかわる企業の人たちで、彼らが仕事でかかわっている土地の境界を確認するためにやってきます。県庁職員もやってきます。県の行政事務のなかで、過去の記録を参照する必要が生じた場合、文書館にやってくるわけです。こうした閲覧室で史料を読んでいると、自分のような学生は、そうしたさまざまな「記録を見る人たち」の一部分でしかないことを思い知らされました。

†近代歴史学の祖・ランケ

それでは、直接何かの目的に役立てるためにではなく、さしあたり過去を調べることそのものを目的として記録を読む人たち、つまり、記録を史料として読むという特殊な人たちはどのように発生したのでしょうか。

現在のような歴史学のあり方の創始者としてしばしば挙げられるのが、一九世紀ドイツの歴史学者、レオポルト・フォン・ランケ（一七九五〜一八八六）です。

ランケが研究主題としたのは主として一五世紀から一八世紀にかけてのヨーロッパの政治・外交史でした。彼は、外交官の報告や、神聖ローマ帝国の帝国議会の文書など、研究対象の同時代に作成された記録、それもまだ公刊されていない記録を読み、それを比較・検討し、実際に起きた出来事の経緯を明らかにしようとしました。ランケは、当時の歴史家としては、特に当時から見て比較的近い時代を扱う歴史家としてはそれまで類を見ないほど多量の史料を使って歴史書を書きました。

ただし、それだけがランケの著作の画期性であったわけではありません。ランケの有名な言葉に、次のようなものがあります。

人は歴史に、過去を裁いたり、将来に役立つように同時代人を教え導いたりするという任務を与えてきたが、目下のこの試みはそのような高度な任務を引き受けるものではない。この試みは、単にそれが本来どのようなものであったかを示そうとするに過ぎない。

これは、ランケの最初の著作『ローマ的・ゲルマン的諸民族史』(一八二四年)の序言に登場する言葉です。「それが本来どのようなものであったか」という言葉は、ランケの基本的立場を示すものとして非常に有名なのですが、ここで注目したいのはその前段です。ランケは、少なくとも自分が歴史書を書くことは、過去を裁いたり、将来の役に立ったりするためではない、要するに、すぐに何かのお役に立つものではありません、と事前に宣言しています。

これだけだと、ランケは、記録を使って歴史書を書くことは何の役にも立たないと言っているようにも見えますし、自分はただ実際起きたことを公平・中立に書くと言っているようにも見えます。

しかし、ランケが歴史を書くにあたって、何の立場も持たなかったわけではありません。第一に、ランケは敬虔なルター派キリスト教の信者でした。歴史的な出来事の流れを究極的に決めているのがキリスト教的な意味での神であることを、ランケは全く疑いませんでした(マイネッケ『近代史における国家理性の理念』)。また、実際にランケの著書、たとえば『宗教改革時代のドイツ史』を読めば、特定の人物、たとえばルターや、ルターを保護したザクセン選帝侯フリードリヒが好意的に描かれていることは明らかです。

第二に、ランケは、歴史と呼べるほどの社会の変化・発展を経験したのは、ランケの言い方に従えば、「ラテン的・ゲルマン的諸民族」、つまりローマ帝国の遺産を継承した、およそ西ヨーロッパの住民だけだ、と考えていました（ランケ『世界史概観』）。現在の私たちには受け入れることの難しいヨーロッパ中心主義です。

第三に、ランケ自身も当時の政治状況のなかで特定の立場に立っていました。ランケが生まれ、青年期を送ったのは、フランス革命が起き、ナポレオンがヨーロッパ各地で戦争を繰り広げ、そして敗北する時代でした。ランケは、革命派に反対し、一時期はプロイセン政府に近い立場の政治雑誌の編集責任者であったこともあります。もっとも、ランケの雑誌は、革命派から批判されたのはもちろん、より保守的な人びとからは革命派に近すぎるとみなされ、要するに中途半端なものとして失敗に終わりました（村岡晢『レーオポルト・フォン・ランケ』）。

むしろ、ランケが、歴史書は何かの目的にすぐにお役に立つようなものではありません、と言うのは、こうした立場の反映でした。ランケが青年期を送った時代には、歴史書は役に立つのが当たり前だったので、「すぐには役に立ちません」というのはそれ自体が態度表明だったのです。

†歴史を「使う」のが当たり前の時代

ランケの時代の「歴史は役に立つ」にはいくつかの方向がありました。

第一に、歴史から教訓を得るという態度です。これはさきほど引用したランケの文章のなかでも触れられていた通りです。もう少し具体的にいえば、人間の本性は常に変わらないものなので、人間の織り成す社会や政治のあり方に何か普遍的な法則があると考えたり、人間の本性に従った最善の政治形態が存在する（たとえば、社会契約によって作られた国家はこのようになるはずだ）と考えたりする立場にもとづく歴史です。こうした立場に立つと、歴史上のある人物の行動は、そうした最善の、あるべき道に従っているかどうかという観点から叙述されたり（つまりある人物を「裁く」歴史が書かれたり）、あるいは普遍的な法則を観察したり、発見したりするための歴史が書かれることになります。ランケはこうした見解に反対し、歴史上の諸国家・民族には、それぞれ個性があり、それらの歴史から一般化できる普遍的な法則はないと考えました。ランケは、フランス革命はこうした普遍主義的な人間観にもとづいて、頭で作り上げた理論を、ドイツ諸邦をはじめとする各国に押し付けようとし、そして失敗したと主張したのです（ランケ「歴史と政治の類似と相違について」「政治対談」)。

第二に、こうした普遍主義的な立場とは別に、ナポレオンに攻め込まれたドイツの愛国心を鼓舞するために歴史、特にドイツ中世の歴史を「使う」という立場もありました(千葉敏之「神聖なる祖国愛は魂を奮い立たせる」)。仮に現状が国家としてバラバラになっているように見えるとしても、ドイツには中世以来、民族(Volk)として、一体性があり、文化的な個性と伝統があるのだ、ということを示すための歴史です。一九世紀の初めに、ドイツでは、「モヌメンタ・ゲルマニエ・ヒストリカ」という大規模な史料集の公刊が始まりますが、そのモットーは「神聖なる祖国愛こそが魂を奮い立たせる」というものでした。ランケの立場は、民族の歴史的な個性を重視するという点で、第二の立場に近いものでした。しかし、ランケは、歴史の研究が、ただちに政治の役に立つとは考えませんでした。

ルター派キリスト教徒としてのランケは、過去の人びとの行動、国家の興亡はすべて究極的には神の意志によると考えていました。一方、ランケは、人間が直接に神の意志を知ることは不可能だとも考えていました。人間にできることは、人間の歴史を見ることで、神の痕跡を辿ることができるだけだ、というのです(村岡前掲書)。これが、ランケにとっての、「それが本来どのようなものであったか」を調べることの意味です。すべての出来事が神の意志に由来するとすれば、出来事一つ一つが実際にどのように起きたのか、信頼のおける記録によって調べなければ、神に対する忠実な態度とは言えません。ルター派の牧師の家系に生まれたランケは、これが彼なりの神に仕える方法なのだと信じていました（村岡前掲書）。

もっとも、「それが本来どのようなものであったか」を調べても、最終的に神の意志を知ることはできないのですから、直接に人間の行動に「なにをするべきか」を教えてくれるわけではありません。しかし同時に、政治にたずさわる者は、その国家・民族の歴史を知ることで、その国家・民族の個性をより理解し、より良い政治をおこなうことができると彼は主張しました（ランケ「歴史と政治の類似と相違について」）。

こうしてランケは、歴史は政治の役に立たないわけではないが、何か特定の目的と一対一の対応関係をもった歴史を書くことはできないという立場に立ちます。なぜなら歴史の究極的な動因は神であり、それぞれの国家・民族の固有のあり方はそれぞれ神の意志に基づくものであって、一般化はできない、そして神の意志そのものは知ることができないからです。

†ランケ史学の広がりと批判

こうして、ランケは、歴史を研究するということと、何かの目的のために歴史を「使う」ということの間に一線を引きました。結果的に生み出されたのは、歴史を研究することとは何か特定の目的に役に立つわけではないが、広く言えば、歴史を知ることによってより良い政治の役に立つこともある、という、いたって穏やかな態度でした。この受け入れやすい穏やかな態度ゆえに、ランケの研究スタイルと、その歴史学の教育方法は、ヨーロッパ、さらにアメリカに広がりました。こうした穏やかな歴史学が受容された背景には、彼が活躍した時代、フランス革命に始まる動乱が、ヴィーン会議でいったん収束したあとの時期であったことも挙げられます。ランケ自身、後年振り返って、この時期を「穏やかな時代」として好ましくとらえています。

しかし、こうしたランケの穏やかな方針は、神を信じたうえで、その意志を知ることはできないとか、国家・民族にはそれぞれ個性があるといった仮定の上に成り立っていたものでした。ヴィーン会議後のヨーロッパ政治が危ういバランスの上にあったのと同様、「それが本来どのようなものであったか」を突き詰めることに意義があるというランケの歴史学も、他のさまざまな「歴史を何かの目的のために使う」立場のバランスの上に乗っていたものでした。

ドイツでは、ランケの後続世代は、ランケの穏やかな態度に飽き足らないものを感じるようになります。一八四八年の革命以後、ドイツには、統一国家の形成に向かう大きな流れが生まれます。そうした時代には、史料の読み方、使い方という点ではランケに学んだ次の世代の歴史家たちも、プロイセン王国が主導するドイツ統一の歴史に寄与する歴史学を目指すようになります（グーチ『十九世紀の歴史と歴史家たち』）。いわば「熱い」歴史学の時代が来るのです。

ところが、一八七一年に、ドイツ帝国が成立し、ドイツの統一が実現してしまうと、今度はそうした「熱い」歴史学は目標を失ってしまいます。そうすると、今度は、「ランケに帰れ」という揺り戻しが生じます（岸田達也『ドイツ史学思想史研究』）。また、歴史はすべて個別的なもので、法則はないという立場も、マルクス主義をはじめ、社会科学的な方法を採る歴史家には受け入れられないものでした。

以上の通り、「記録を使って歴史を書く、しかし何か特定の目的に奉仕するわけではない」という態度は、ランケが成立させたものですが、ランケにはランケなりにそのような態度をとる理由があったので、時代や地域が異なれば、歴史研究はランケの方向とは異なる動きも生じます。「〇〇のための歴史学」を標榜する歴史家は、現在でもたくさんいますし、一方で、ランケのように「歴史学は直接何かの役に立つわけではない」と考える、あるいは「役に立つと考えることはむしろ正確な事実をとらえる目を曇らせてしまう危険がある」と考える歴史家もたくさんいます。

ただ、ランケは、結果的に、「できるだけ信頼できる記録を使って歴史を書く。目的はなくてもよい」という、歴史学にとっての、ぎりぎりまで後退できるライン、ここまでは合意できるだろうという線を引いたということはできるかもしれません（あくまでも結果的にであって、しつこいようですがランケにはランケの事情があったのです）。「近代歴史学の祖」というには消極的な役割だと思われるかもしれませんが、「最低限これは」というラインが決まることは、ある学問の成立にとって重要なポイントではあるのでしょう。

†文書館の成立

ランケは、ヴィーン、ヴェネチア、ローマ、ドレスデン、ブリュッセルなど、ヨーロッパ各地の文書館を訪問し、そこに所蔵されている記録を閲覧し、それを用いて歴史書を書きました（佐藤真一『ランケと近代歴史学の成立』）。文書館は英語で「アーカイヴズ」と呼ばれますが、これは記録を管理し、保管する機関・建物の名称であると同時に、そこに収蔵されている記録そのもののことでもあります。さきほど例にあげた埼玉県立文書館も、こうしたアーカイヴズの一つです。

3節で述べたように、人びとは日常の仕事を回してゆくために記録を作ります。権力者にとっては、記録を集中管理することは、人びとの決定や権利の証明を集中して管理することを意味しますから、それだけ自らの権力の基盤を強化することにつながります。ヨーロッパで、君主を中心とした政府が次第に力を増してくると、君主のもとで記録が集中管理されるようになってきます。スペインでは、一五八八年、政府のあらゆる機関の記録がシマンカスという都市に置かれた文書館に移され、集中管理が始まります（ガラン『アーカイヴズ』）。

こうした文書館は、当初、だれにでも開かれていたわけではありません。権力の源泉としてとらえられている限り、文書館の記録へのアクセスは権力者の意思に左右されるのは当然です。ランケも、オーストリアの政治家、メッテルニッヒの紹介状を得ることでようやくヴィーンやヴェネチアの文書館での記録の閲覧を許されました。記録を、特定の目的に「使う」のが当たり前の状況では、何に使われるかわからないという理由で文書館へのアクセスが拒否されることはごく一般的です（グーチ前掲書）。これは現在でも世界のあちこちでおきていることです。

「記録は使える」ということについては、ヨーロッパでの古文書学の発展についても一言触れておく必要があるでしょう。権利の証明となる証書がどの時代に、どのような様式で作成されるかという古文書学の研究は、一七世紀末に、ジャン・マビヨンというフランスの修道士によって書かれた『古文書論』という著作によって、その基礎が築かれました。マビヨンはベネディクト会の修道士でしたが、彼がこの本を書いたきっかけは、イエズス会の修道士が、ベネディクト会の修道院が所有している財産の権利証書を、偽物だと主張する論文を発表したことでした。これらの権利証書は中世初期に作られたものでしたが、一七世紀当時も法的有効性を持つとされていたものでした。マビヨンはこのイエズス会からの挑戦にこたえるために、証書が本物であることはどのように証明すればよいのかを考え、その方法として、証書の様式、その時代による変化を知識として体系化する古文書学を生み出したのです。このように「記録は使える」ことと古文書学の誕生には密接な関係があったのです（岡崎敦「文書形式学」）。

文書館の歴史の転機となったのはフランス革命でした。一方では、国政への国民の参加の道が開かれたことによって、国の保管する記録は、国王の私物ではなく、国民全体のものという観念が生まれました。一七九〇年九月七日の命令では、「国立文書館」では、「王国の政体、公法および県の権限を定めたあらゆる証書類の保管」がおこなわれることになり、一七九四年六月二五日の法律では、歴史研究において重要な文書の集中的な保存と、アーカイヴズへの市民のアクセスの権利が認められました（ガラン前掲書）。一方で、貴族の領主としての権利にかかわる証書は、そうした特権の廃止を象徴するものとして、焼き捨てるという政策が推進されました。ここでも「記録は使える」という事実が顔をのぞかせています。記録は権利の証明であるがゆえに、領主の権利が二度と蘇らないように、焼き捨てるという選択がなされたのです。

ともあれ、こうした経緯によって、すぐに何かの役に立つわけでも、すぐに使用されるわけでもない記録を、人びとの共有財産として保管する場としての文書館が姿を現してくるわけです。これは、ランケの「すぐに役に立つわけではない歴史学」とちょうど対応しています。すぐには使われない共有財産としての記録を、すぐに何かの目的に使う意志は持っていない歴史家が、「史料」として読むという行為が、一九世紀のヨーロッパで誕生したわけです。

†それでも歴史は怖い

さて、前にもふれたように、法廷で記録を証拠として持ち出して争う場面と、歴史学者が記録を史料として用いる場面は、現在の社会のなかで、記録が何かを言うための根拠として用いられる二つの例です。そして、当初古文書学が裁判での真偽鑑定を目的として生まれたこと、一方、ランケが、自分の仕事は「過去を裁く」ことではない、と表現したことからわかるように、ランケによる歴史学の立ち上げは、裁判のように、何かの利害のために相争う目的で記録を使うという行為と、ただ過去の出来事を述べるという目的のために記録を使うという行為を分けるものでした。

そして、ランケ以降も、こうした二つの目的の分離が常に守られてきたわけではないこともすでに述べました。分けた方がいいのか分けない方がいいのか、という点についても正直私にはわかりません。ある政治的目的を追求する情熱が、ある過去の出来事を詳細に明らかにする研究成果を生み出したりすることも、歴史学の歴史ではよくあることです。

ただ、はっきりしていることは、ランケが一度線を引いたからと言って、歴史学は、さまざまな利害の絡む記録の使用から切り離された安全地帯にいることを保証されているわけではないということです。歴史学は、過去も現在も、そうした記録や歴史を使いたい人たちに取り巻かれて、世の中に存在している学問です。

それでは、歴史家という史料にこだわる職業集団も、しょせん、それぞれの思想や立場や利害にもとづいて、都合よく歴史を書いているだけだ、と言ってしまって終わりにすればよいかというと、そういうものでもありません。世の中でなにか特定の過去の出来事が注目されたり、対立の焦点となったりしたときに、記録を持ち出してきて使おうとする多くの人々の中で、とりわけ一々根拠を気にして過去の出来事と付き合っている一群の専門家たちが、一定の役割、たとえば対立の泥沼化を防ぐ役割を果たしたりする可能性は否定できません（あくまで可能性ですが）。先ほど述べたように、世の中の歴史叙述をすべて歴史学的なものにしてしまえばみな幸せになるかどうかはわかりませんが、反対に、世の中の歴史叙述がすべて非歴史学的なものになると混乱が増すのは確かではないでしょうか。

そして、一体どのような主題が、歴史家以外の人びとの関心の対象となるのかは、事前に予測がつきません。「世の中の何かに役立てるために史料を読んでいるわけではない」歴史家でも、状況が変われば急に注目を浴びる（浴びてしまう）ことはあるのです。

さて、そうなってくると、歴史家はどのように、記録を史料として読んでいるのかが問題になってきます。第二章ではこの点を詳しく見てゆきましょう。

第二章

史料はどのように読めているか

1　史料の引用と敷衍——史料批判の前に

前章では、歴史家が叙述の根拠として用いる史料は、歴史家が研究するために残されるわけではなく、作成者が何らかの必要に迫られて残した記録類であることを述べました。歴史家はそれをもとに、過去の出来事や状態について述べるわけですが、その際、その歴史家に宛てて書かれたわけでもない記録をどのように読み、どのように理解し、研究の上で使っているのでしょうか。

多くの歴史学の入門書には、史料に書いてあることはそのままでは信用できないので、どの程度信用できるかを吟味する「史料批判」が必要だ、と書いてあります。それはその通りなのですが、歴史家が、ある史料が信用できるかどうかを疑うためには、まず史料に書いてあることの意味がわかる必要があります。例えば、自分の知らない言語で書かれた史料について、史料批判をすることはできません。

†敷衍部分からわかること

そこで、歴史家が何をやっているのかを知るためには、史料批判の手続きを見る前に、歴史家は、どのような手順で史料に書いてあることを理解しているのかを検討することが必要です。その際に、手掛かりになるのが、歴史学の論文のなかにしばしば現れる史料の引用と、それに続く書き手の敷衍《ふえん》というセットです。

歴史学の論文では、論旨の展開上、重要な根拠となる史料については、原文に近い形でそのまま引用して読者に提示することが一般的です。そして、それに続く論文の書き手の敷衍というのは、引用史料には何が書かれており、書き手が、そこから何を読み取り、理解したかを、説明する部分です。

論文の書き手は、この敷衍部分で、論文の論旨を組み立てる上で必要な情報を整理して提示します。一つの史料引用とその敷衍というセットは、いわば論文のパーツになるわけです。一方、引用史料と敷衍がセットで提示されることで、読み手は、敷衍の部分が引用された史料にもとづいて無理なく言えているかをチェックすることができます。

引用史料は過去に書かれたもので、敷衍部分は、現在、論文を書いている歴史家が書くものです。つまり、この組み合わせは、過去に書かれた記録を、現在の書き手が、現在の読み手に向かって説明するという役割をもっています。説明する以上は、書き手はその史料が読めているわけです。そこで、この章では、こうした史料の引用と敷衍のセットを具体的に見ることで、「歴史家はどのように史料が読めているのか」を検討してゆきたいと思います。

2 逓信次官照会を読む——「史料があること」が「何かがおこなわれたこと」を示す場合

†論文「逓信省における女性の雇員と判任官」

材料として、私自身が書いた論文を採り上げます。「逓信省における女性の雇員と判任官——貯金部局を中心に　一九〇〇年〜一九一八年」という論文です。

この章では、この論文の一部、さきほど述べたような史料引用と敷衍のセットの部分だけを取り出して検討します。それを通じて、一つの史料を引用して、そこに敷衍を付け加えるときに、私がいったい何をやっているのかを示してみたいと思います。

実はこれまで、歴史学の方法を論じるときに、こうした検討はあまりおこなわれてきませんでした。歴史家にとっては当たり前すぎるか、自覚せずとも自然とできてしまうので、言葉で説明するのがなかなか難しいという事情もあります。しかし、歴史家が論文で何をおこなっているかを知るためには、実際の論文を素材にしてその書き方を詳しく見てみることが必要でしょう。

さて、この論文では、二〇世紀初期の、日本の逓信省（郵便・通信を管轄していた官庁）のなかで、女性の職員が働いていたということが論じられています。そのなかでも、特に郵便貯金を扱う部署では、かなりの女性が、「判任官」という、下級の官吏という身分を持っていたことに注目しています。「官吏」とは、現在の国家公務員に相当する、国の正式の職員のことです。戦前の日本の官吏は、「勅任官」（次官や局長などの高級官僚）「奏任官」（現在で言えばいわゆる「キャリア官僚」）「判任官」（現在で言えばいわゆる「ノンキャリア」）の三つのランクに分かれていました。これに対して、論文タイトル中の「雇員」というのは、現在でいえば非正規雇用の行政職員、単に国に「雇われている」に過ぎない人たちのことを指しています。

なぜわざわざこのことを述べる必要があったかといえば、戦前日本で官吏になることができたのは、原則として男性に限定されていたからです。この論文であつかった二〇世紀初頭の日本では、官吏の採用は、現在と同様に試験によって行われていましたが、その受験資格は男性に限られていました。したがって、女性の官吏が存在することは、こうした試験採用という原則から逸脱しているのです。

逓信省の、とりわけ貯金を担当する部署では、一九〇〇（明治三三）年から雇員として女性が働き始め、一九〇六（明治三九）年から、雇員のなかから、判任官に抜擢される者が現れます。このような措置がなぜ可能で、なぜこの時期に逓信省の貯金担当部局では女性を判任官に登用したのか、その勤務状況はどのようなものであったのか。そうしたことを論じたのがこの論文です。

†引用と敷衍の例

それでは、実際に、史料を引用し、それを敷衍している箇所を検討してみましょう。一つ目は、はじめて女性を判任官に採用する際に、逓信省の次官が、内閣書記官長（現在の内閣官房長官に相当）に送った「照会」（問い合わせ）です。もとの史料は漢字とカタカナで書かれており、また、カタカナに濁点は用いられていません。論文ではそのまま引用していますが、ここでは読みやすさを考慮してカタカナをひらがなに直しました。漢字にはふりがなをつけましたが、これも論文ではつけていません。□や○の数字、傍線も、この

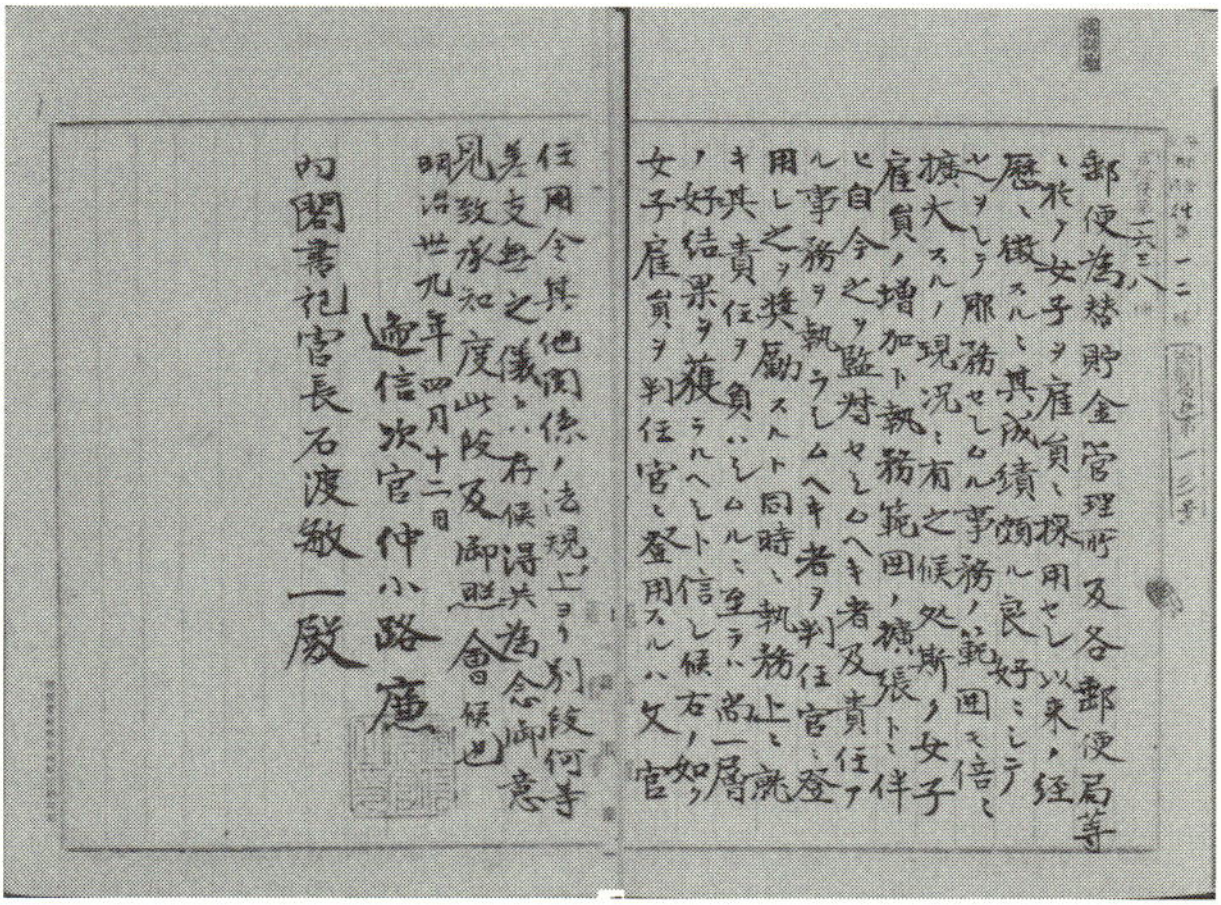
郵便為替貯金管理所及各郵便局等ニ於テ女子ヲ雇員ニ採用セシ以来ノ経歴ニ徴スルニ其成績頗ル良好ニシテ之ヲシテ取扱セシムル事務ノ範囲ヲ倍シ擴大スルノ現況ニ有之候処斯ノ女子雇員ノ増加ト執務範囲ノ擴張トニ伴ヒ自今之ヲ監督セシムヘキ者及責任アル事務ヲ執ラシムヘキ者ヲ判任官ニ登用シ之ヲ奨励スルト同時ニ執務上ニキ其責任ヲ負ハシムルニ至ラハ尚一層ノ好結果ヲ獲ラルヘシト信シ候右ノ如女子雇員ヲ判任官ニ登用スルハ文官任用令其他関係ノ法規上ヨリ別段何等差支無之儀ト存候得共為念御意見致承知度此段及御照會候也

明治卅九年四月十二日　逓信次官仲小路廉

内閣書記官長石渡敏一殿

内閣書記官長に送った「照会」の原文
国立公文書館所蔵「公文雑纂」明治39年・第38巻

本での説明のためにつけたもので、論文ではつけていません。また、史料には句読点もないのですが、ここでは読点を打っています。この読点は実際に論文で引用した際にもつけています（理由はあとで述べます）。

[1]　一九〇六（明治三九）年四月一二日、逓信次官仲小路廉は、内閣書記官長石渡敏一に対して次のような①照会を送った(28)。

[2]　郵便為替貯金管理所及《および》各郵便局等に於て女子を雇員に採用

せし以来の経歴に徴《ちょう》するに、③其成績頗《そのせいせきすこぶ》る良好にして②、之《これ》をして服務せしむる事務の範囲も倍々《ますます》拡大するの現況に有之候処《これありそうろうところ》、斯《か》く女子雇員の増加と執務範囲の拡張とに伴ひ、③自今之《じこんこれ》を監督せしむべき者及《および》責任ある事務を執らしむべき者を判任官に登用し、之《これ》を奨励すると同時に、執務上に就《つ》き其責任を負《お》はしむるに至らば、尚《なお》一層の好結果を獲《え》らるべしと信じ候、右の如《ごと》く女子雇員を判任官に登用するは④文官任用令其他関係の法規上より別段何等差支無之儀《なんらさしつかえこれなき》とは存候得共《ぞんじそうらえども》、為念《ねんのため》御意見致承知度《しょうちいたしたく》、此段及御照会候也《このだんごしょうかいにおよびそうろうなり》

3 ③貯金部局および郵便局等における女性の雇員の業績は良好であり、これを判任官に登用して、監督者および「責任」ある事務を担わせたい、というのである。そして、④当該文書はそれについて、法規上問題がないということを内閣書記官に照会している。⑤照会が出されたということは、それは閣議請議をする必要のない案件であったということと、しかし確認を要する程度には先例のない措置であったことの両面を示している。

(28)「公文雑纂」明治三十九年・第三十八巻・逓信省、国立公文書館所蔵、纂01007100

さて、ここで論文の著者である私は何をしているのでしょうか。

まず、私はこの部分を三つの段落に分けています。[1]の段落が、これから史料を引用することの予告と、引用する史料が何であるかの提示です。[2]の段落がその史料の引用で、ある程度の長さの史料を引用するときは、段落を改め、行頭二文字を下げて、引用であることを示すという、歴史学の論文で一般的なルールに基づいた形式をとっています。[3]の段落が、いわゆる敷衍に当たる部分で、史料の内容を、現代の読者に向けて報告している部分です。

では、それぞれの段落の中で私は何をしているのでしょうか。番号を振った部分と傍線を引いた部分に注目しながら説明してみます。

†「文書《もんじょ》」の特性

段落[1]では、①の部分で、逓信次官が内閣書記官長に照会を送ったと述べています。「照会」とは問い合わせ、ないし問い合わせるための文書のことです。そして、私はこの文章を「送った」と、過去形で、断定的に書いています。論文中で、「それが本当かどうか」についての詮索はしていません。なぜ断定できてしまうのでしょうか。

ここには注（28）という注がついていて、それを見ると、この史料が、国立公文書館に所蔵されている、ある公文書の簿冊（書類を綴じて冊子にしたもの）に収録されていることが、その簿冊の番号とともに明記されています。大きく見れば、それは日本政府の公文書という文書群に属する一冊の簿冊で、もう少し細かく言うと「公文雑纂」という、戦前の日本の内閣レベルの書類を集めたシリーズの一冊です。実際にはこの史料はウェブで閲覧できるので、私はウェブでこの史料を読みましたが、そのウェブサイトが偽サイトでない限り、ともかくそれが国の公文書として伝わったものであることは確かです。あるいは、実際に国立公文書館に足を運んで、閲覧室の机の上でその史料を読むことも可能ですが、その場合でも、そこが偽の国立公文書館でない限り、同じように、机の上に載っている史料が本物か偽物か悩む必要はあまりありません。史料がどのように伝わったかということに関する議論を、「史料の伝来論」といいますが、ここで引用している史料は「伝来的に信頼してよい」という基準をクリアしています。

もっとも、これだけでは史料に書かれている中身が、実際に起きたことと一致しているかどうかはわかりません。しかし、この史料は、「逓信次官が内閣書記官長に送った照会」です。そのことは、実際に[2]の段落で引用されているこの史料の末尾が「此段及御照会候也」で終わっていることからわかります。「以上の通り、照会(問い合わせ)いたします」という意味です。つまり、史料自体が、「問い合わせをしている」という史料なので、史料が偽物でないのであれば、史料の作成者が、史料の受け取り手に対して「問い合わせをした」ということ自体は疑いようがないのです。

私がやっているような日本近代史研究ではあまり区別されないのですが、前近代史、特に日本中世史研究の分野では、「文書《もんじょ》」あるいは「古文書《こもんじょ》」を、単に「書かれたもの」という意味ではなく、より限定した意味でもちいます。その場合の「文書」とは、差出人から宛先に対して、何らかの意思(命令とか要求とか問い合わせといったもの)を伝えるために作成された文献という意味で使われます(佐藤進一『新版　古文書学入門』)。これと対になる単語が「記録」「古記録」で、日本中世史では、「古記録」という語は主として日記を指しています。日記は(前章で述べた通り、誰か後世の人に向けて書かれているにしても)、誰かに意思を伝達するために書かれるものではありません。

たとえば、「山田をぼんやりの荘の地頭に任命する」という文書《もんじょ》が存在した場合のことを考えてみます。山田が地頭に任命されたことは、その文書《もんじょ》が当時作成され、山田に手渡されたことによって実現したことです。したがって、その文書が偽物でない限り、山田がぼんやりの荘の地頭に任命されたことは、この文書《もんじょ》が存在することとそれ自体と同じことです。

これは、差出人から宛先に何らかの意思表示をしている文献＝文書《もんじょ》に書いてあることはすべて信頼できるということではありません。たとえば、山田が安藤に「父が病気になってしまって、治療にお金がかかり、貯金が尽きてしまいました。お金を貸してください」という手紙を書いたとします。これは、「借金の申し込み」という意思表示をしている文《もん》書《じょ》です。この手紙が存在することは、山田が安藤に借金の申し込みをしたこととそれ自体と同じことですが、「山田の父が病気になり、治療費が嵩んだ」ということはここから確定的には言えません。山田は本当はギャンブルで一文無しになってしまったのですが、それを理由に借金を申し込むわけにはいかないので、「父親が病気で」と嘘を書いたかもしれないからです。

話が回り道をしてしまいましたが、「逓信次官が内閣書記官長に照会を送った」に戻れば、この史料自体が「照会」なのだから、「照会を送った」という過去の事実があったことは、それほど問題なく断言できてしまうというのが、ここで私の言いたいことです。

†引用の方法

これにつづく[2]の段落は史料原文そのままの引用です。ただし、さきほども触れたように、史料原文にはない読点を補っています（ここでは句点は用いていませんが、用いる場合もあります）。書籍の凡例では「史料の引用にあたっては読点を補った」などと書かれることが多いのですが、主として専門家を想定読者とする論文では、原文に句読点がないのは共通認識として、特に注記されない場合もよくあります。

読点を打つのは、読者の読みやすさのためでもありますが、論文の書き手の史料解釈を示すためでもあります。読点をどこに打つかについて唯一の正解はないのですが、間違いというのはあります。たとえば②の番号を付した箇所では「良好にして、之をして」と点を打っていますが、「良好にして之、をして」と打ったら間違いです。「之」は「これ」と読むとか、「これをして」という表現があるとかという日本語文語文の知識に基づいて、私はここに読点を打っています。

†留保しながら確認する

さて、最後の[3]段落です。[2]段落中の傍線部③の箇所「其《その》成績《せいせき》頗《すこぶ》る良好」「自《じ》今《こん》之《これ》を監督せしむべき者及《および》責任ある事務を執らしむべき者を判任官に登用し」という部分を、[3]段落の③で、「貯金部局および郵便局等における女性の雇員の業績は良好であり、これを判任官に登用して、監督者および「責任」ある事務を担わせたい、というのである」と言い換えています。史料の内容を、現代文に直し、要約して読者に提示しているわけです。注目してほしいのは、③の文章が、「というのである」と閉じられていることです。この文章は、「逓信省は女性職員の勤務状況をどのように認識しているか」「その認識を根拠に用いて、逓信省は何を求めているか」ということを説明しているのですが、この史料だけでは、本当に「成績良好」であったのかはわかりません。わからないからといって史料を引用した以上先に進まないわけにはゆかないので、逓信省の主張の内容については留保しつつ、しかし、それを根拠に女性の判任官登用を望んでいるということ自体は事実として確定できるということを示すために「というのである」という距離をとった書き方をしているわけです。

次に、2段落中の傍線部④「文官任用令其他関係の法規上より別段何等《なんら》差支《さしつかえ》無之《これなき》儀とは存候得共《ぞんじそうらえども》、為念《ねんのため》御意見致承知度《しょうちいたしたく》、此段及御照会候也《このだんごしょうかいにおよびそうろうなり》」という部分を、傍線部④で「当該文書はそれについて、法規上問題がないということを内閣書記官に照会している」と言い直しています。逓信省の主張を③で押さえたうえで、ここでは、「逓信省は何を照会している（＝問い合わせている）のかを説明しています。③で逓信省の言い分はわかったとしても、照会という公文書の形で出されるのは、当時の法規とのかかわりで何か文書を出す必要があるからです。「③は現行法規のもとで可能であるという理解に間違いがないか」を照会しているというのがその答えです。さきほど文書《もんじょ》という文献の特殊な性格について述べた通り、ここは照会するという行為そのものは文書そのものから確定できてしまうので、「照会している」と言い切りの形になり、「照会したとみられる」とか「照会しているというのである」といった言い方はしていません。

最後の傍線部⑤「照会が出されたということは、それは閣議請議をする必要のない案件であったということと、しかし確認を要する程度には先例のない措置であったことの両面を示している」は、ここまでの一連の史料の読み取りから言えることを述べている部分です。少し分解してゆくと、まず、これが「照会」であるということを私は重視しています。

照会は「問い合わせ」であって、新たな法規の制定や予算措置の「要求」ではありません。この区別は、もし新たな法規や予算措置が必要であれば、逓信省から内閣に出される書類は「照会」ではすまず、閣議でそれらを承認してもらうための「閣議請議」になるはずで、その場合は次官名ではなく大臣名で書類が出されるはずだ、という、筆者および想定される専門読者が知っていることを前提にしています。

つまり、この部分ではここまでの史料の読解をもとにして、「女性を判任官に登用することを逓信省が欲しており、それは現行法規のもとで問題なくできるかどうか内閣書記官長に照会している」ことを確定したうえで、「それは当時の法規のもとで可能であるが、先例はなく、一応聞いてみる必要がある程度には異例の措置である」という位置づけを与えているわけです。この文章は「示している」という語尾で終わっています。この「示している」は、この一文の内容が②〜④という史料の内容から読み取ったことであり、私が無から創造したものではないことを読者に伝えるために、「この史料がそのように示している」と述べる役割を持っています。

さて、この①史料引用前置き＋②史料引用＋③史料から著者が読み取り得たことの報告という一つのセットのなかで、論文の著者である私は、「史料に述べられている通りの状況が、史料が書かれた当時にあったのか」という作業をおこなってはいません。現代語に置き換えながら、「というのである」「示している」といった語尾を用いて、そこに書かれているとおりの状況があったかどうかについては判断を留保しながら、「逓信省はこう述べて、内閣書記官長にしかじかの案件を照会した」という出来事について述べています。

一方、さきほども述べたように、「○○を照会した」という出来事が発生したことについては、この史料が「照会」そのものである以上、これを引用する著者には判断を留保する余地がありません。これが偽物の照会ではないことについては、著者は史料の伝来から判断しており、これは一種の史料批判です。ただし、それはこの史料引用＋敷衍の部分では、前提にされており、いちいち説明されてはいません。

もし、私が、「逓信省における女性雇員の業績は良好であった」と主張しようとするならば、この史料だけからそれを断言することはできないでしょう。逓信省は女性雇員の判任官登用を求めているわけですから、「女性雇員の業績が良くない」と言うわけはないからです。くわえて「其《その》成績《せいせき》頗《すこぶ》る良好」だけでは、漠然としすぎていて、情報が不足しています。一方で、あまりに業績があがっていないのだったらわざわざ逓信省がこうしたことを求めるとも思えないので、逓信省が完全に嘘をついているとも思えません。こうなってくると、複数の史料を組み合わせて「成績頗る良好」の中身について吟味するという、いわゆる「史料批判」の局面に進んでゆくことになります。しかし、それは、「女性雇員の勤務実態はどのようなものであったか」という問いを立てたときに生じる課題であって、「この史料に何が書いてあるか」という課題に限定すれば、こうした作業はさしあたって脇に置いておくことができます。つまり、そうした作業なしに、私はこの史料が読めています。

†どのような知識を用いているか

私がこの史料を読むときに、どのような知識を用いているでしょうか。改めて整理すると次のようになります。

第一に、この史料で用いられている語彙と文法を知っています。

第二に、私は、この史料が含まれる史料群の性格（日本の国立公文書館に所蔵されている政府の公文書であり、そのなかの「公文雑纂」というシリーズに属するということ）を知っています。

第三に、この史料の、「照会」という形式が、どのような行為にあたるのか（別の行為であればどのような形式の史料が作られるか）を知っています。

第四に、この史料が作成されるときに参照されている関係法規（この場合は文官任用令など）を知っています。

以上のことを知っていれば、とりあえずこの史料は読めます。以上の四点は、専門的知識ですが、学習可能なもので、勘やコツといったものではありません（実際は、一番「勘やコツ」の程度が高いのは、第一の「文法」です。だいたいはいわゆる「古文の知識」で対応できるのですが、こうした実務的書類を読むための日本語文語文の文法解説書はそれほど多くありません。そうした一例として、佐藤孝之ほか『近世史を学ぶための古文書「候文」入門』があります）。

以上の四点は、研究者である私、あるいは現代の研究者たちが知っていることである以前に、この史料を作ったり受け取ったりした当時の人たちが知っていたことです。しかし、これは当時においても誰でもわかったという類の知識ではありません。それらは、官僚が官僚のために書いたという点で、この文書が作成された一九〇六（明治三九）年当時でも、専門的知識に属します。この文書が路上に落ちているのを拾った官僚機構外部の人間はこの文書の意味を正確に理解することは難しかったでしょう。第二の点について補足すると、私がこの史料を、国立公文書館の机の上で読んでいるがゆえに偽物ではないと判断できるのと同様、一九〇六年の内閣書記官長とその部下は、それぞれの執務室で、所定の手続きを踏んで逓信省から届けられたと確信できる環境のもとでこの文書を読んだはずです（いきなりこの文書が内閣書記官長の執務室の窓から放り込まれたらそれは「怪文書」です）。

†書き手と読み手が「何が書いてあるのか」を共有する手続き

おなじ史料を引用しても、論文の書き手が注目するポイントがことなることはありえます。したがって、3の部分の内容は、同じ史料に対して、誰が読んでも同じ内容になるとは考えられません。たとえば私は、史料のなかの、「事務の範囲も倍々《ますます》拡大」、つまり、女性雇員の従事する事務作業の分野が拡大している、ということについて、3のなかで触れていません。私はこの史料を、女性を判任官に登用する際の法的な位置づけを示すために使っており、女性雇員の勤務のあり方を示すために使ってはいないからです。このように、1前置き→2引用→3現代語による引用内容の報告というセットの記述内容は、論文全体の構成の影響を受けます。そして論文の構成は、その論文を通じて著者がやりたいこととかかわっているので、この1、2、3のセットも、それを使って著者がなにをやりたいかの影響を受けています。

しかし、3の部分の内容は著者の関心によって決まってくるからといって、著者は2の史料引用の記述内容を離れて3を書くことはできません。それをやれば、強引な読みとして批判を受けることになります。そして、3の内容が強引でないことを示すために、同時に2をセットで示して、読者と基本となる史料の内容を共有した上で、3を書いているわけです。つまり、3の現代語による引用内容の敷衍は、2の引用の情報を、現代人である読者に、(場合によっては2には書いていない必要な情報を補いつつ)報告するという役割を担っているわけです。

3のなかで歴史家が読者に報告しているのは、「何が起きたか」ではなく、「何が書いてあるか」であることに注意してください。そのことは「というのである」「示している」というように、語尾が現在形であることでわかります。いま、論文の書き手と読み手が共有しているこの史料には「……ということが書かれている」「……と述べられている」というモードで、3は書かれているわけです。このように、歴史家は案外現在形の文章を書いているのです。ただし、さきほど述べたように、この史料が作られたこと自体が何かの行為であるような「文書《もんじょ》」の場合(この場合は「照会」という文書が作られていること自体が

「問い合わせ」であることと同じ）であれば、なにが書いてあるかを報告することが、そのまま何が起きたかを報告することになります。1の部分の「照会を送った」だけが過去形で書かれているのはそのためです。

一般的にいえば、統計や日記など、その他の史料類型でもそうなのですが、歴史家は、過去に作成された何らかの史料が、現在、歴史家とその読者の双方にとって共有された状態に置かれていることを前提に、その内容を読者に報告することを、歴史を書く際の基本作業として行っていて、いきなり何が起きたのかの説明はしないわけです。一方、論文ではなく、一般向けの歴史叙述や教科書などではこうした手続きの提示を省略するので、いきなり何が起きたのかの説明からはいることになります。「……した。……だった。それゆえ……となった」というような、過去形を主として用いる歴史叙述は、このような「現在、この史料があり、これはこのように読めた。それをみなさんに報告します」という手続きとは、異なるモードで書かれていることになります。

まとめると、史料を前にした歴史家は、いきなり「ここに書いてあることは本当か」と言い出すわけではなく、史料を書いた人や読んだ人が持っていただろう知識を使って、「ここにはこう書いてあります」を示すという作業を最初にやるのです。「ここに書いてあることは本当か」という問いを発することが必要になるのは、このように、書いてあることを現代人に報告したうえで、何らか、書いてあることが疑わしい場合、そのまま読むと何らかの問題が発生してしまう場合です。

第一章で、私たちは、過去についての発言のすべてに「それ本当か？」と突っ込みを入れるわけではないこと、一方、歴史家は、「それ本当か？」と突っ込みを入れることが前提で仕事をしているという点で、社会のなかで特殊な位置を占めていることを述べました。そのうえで、ここで確認しておきたいのは、そうした歴史家でも、常に「それ本当か？」と突っ込みを入れるのが基本モードなわけではなく、まず根拠となる史料を書き手と読み手が共有し、「ここにはこう書いてありますね」という理解を書き手が示したうえで、それを積み重ねて歴史を書いているということです。

3 新聞記事を読む——史料に書いてあることをどの程度疑うか

†郵便貯金局長は何を語ったか

次に、同じ論文のなかから、もう少し史料に書いてあることを疑っている、つまり史料批判をおこなっている箇所を挙げてみましょう。次に挙げる部分より前のところで、私は逓信省の貯金部局の女性の雇員・判任官の勤続年数が長くはなく、判任官に登用された場合でも、雇員から勤め始めて通算一〇年を超えるものは少数であったことを、『職員録』という職員の名簿を用いて、数値で示しています。それに続き、私は新聞記事をつかって、この勤続年数に関する逓信省当局の見解を紹介しています。それが次の部分です。

1このような短期勤続は、熟練形成上、雇用側にとって望ましいものではなかった。下村宏郵便貯金局長は、新聞に次のような談話を残している。

[2]男子よりは給料が安いので、安い割合には役に立つ、唯十七八から二十一二歳まで勤めて漸く熟練の域に入らうとすると、結婚や其の他の事情で辞職する者が多いには困る、女の事務員も嫁入仕度や、一時の方便でなくて、一生涯の仕事として勤める覚悟がありさへすれば、今後益男の領分内に食込む事が出来やうと云つた（52）

[3]男性に比して、給与が低いことは①あからさまに語られている。そして、ここでは「結婚」が勤続年数が短い理由として②言及されている。

（52）「当世女判任官　郵便貯金局の二天才」（『東京朝日新聞』明治四二年一〇月一三日）。

前に示した「照会」と同様、これも[1]前置き、[2]史料引用、[3]現代語による史料内容の報告、という三つのパートで構成されています。

[1]段落の最初の文、「このような短期勤続は、熟練形成上、雇用側にとって望ましいものではなかった」は、[2]で引用した史料から読み取れることの先取りです。ここでは、「このような」の内容は、それ以前の箇所で、数値的に示した勤続年数のことを指してお

り、次の部分では、それが、女性を雇う側の逓信省にとってどう受け止められていたかを述べようとしています。そこで、いきなり史料引用を持ってくるとつながりが悪くなるので、次の史料で何を読み取ったかを先取りして提示しているわけです。次の文、「下村宏郵便貯金局長は、新聞に次のような談話を残している」は、続いて引用する史料の紹介なのですが、ここでは「残している」という語尾に注目してください。現在残されている新聞記事のなかに、下村局長の談話という記事があるということを現在形で述べています。「下村局長は述べた」という形にしていないのは、下村局長の談話として新聞記事に載ったものについて、「下村局長が述べた」かどうかは直接に確定できないからです。しかしこの記事は実際に存在しており、逓信省の女性職員について語る上で興味深い内容なので、それを私は論文のなかで用いたいと思いました。そこで、内容について留保して、「とりあえず、次のような新聞記事が残されています」ということを読者に報告しているわけです。

つづく2段落がその新聞記事の内容で、3段落が敷衍です。2の段落から私が読み取ったことは、(1)「女性の勤続年数が短いことを下村局長は望ましいとは思っていない」(2)「女性の給与は男性に比して安い」(3)「下村局長は女性の離職は結婚によると考えている」の三点が、新聞記事に載っている、ということです。

このうち⑴は①の段落で先取り的に述べています。⑵は、③段落のなかで、「男性に比して、給与が低いことはあからさまに語られている」と表現されています。「あからさまに」が入るのは、「現在のジェンダー規範のもとだったら同じことは言えないですよね」ということの確認です。ここにも③段落が、現在の書き手と現在の読み手の関係をもとに書かれていることがあらわれています。そして、実際に女性の給料が安かったのかどうかは、この談話だけで確定することはできませんから、「語られている」という形で留保をつけています（論文の別の箇所では給与の規則を示してこの点をより確定的に述べています）。二文目「ここでは「結婚」が勤続年数が短い理由として言及されている」という文章も、「ここでは」、つまり「この新聞記事では」という限定をかけ、そのような理由が「言及されている」という形で留保をつけています。全体として「（本当かどうかわかりませんけれども）とりあえず最低限下村宏はこう言っているのです」というのが③段落で私が述べていることです。

ここで私が使っているのは新聞記事です。新聞記事は、しばしば史料批判が必要な史料の一つとして挙げられます。現在でも、メディアの言うことを鵜呑みにしてはいけないとか、メディア・リテラシーが大事などと言われることにつながっています。確かに新聞記事には、注目に値するとされたことだけが報道されるとか、特定の意図によってある部分が強調された記事があるとか、あるいは誤報があるとか、使い方に注意が必要な側面があります。それでは新聞記事は史料として使えないかというとそのようなことはなく、まずは「とりあえずここにこう書いてあります」ということまではどのような記事でも言えます。さきほどの例で「……と照会した」ということが確定的に言えるのと同様、この新聞記事からは「……と報道された」ということは確定的に言えるわけです。

†新聞記事から言えることの三つのレベル

そのうえで、この新聞記事を使うとき、私は、三つのレベルを区別しながら文章を書いています。

第一のレベルは、二〇世紀初頭、逓信省の貯金部局での女性職員の勤務のあり方がどのようであったのか、というレベルです。

第二のレベルは、下村宏郵便貯金局長が「女性の賃金は男性よりも安いが、安い割によく働く。しかし結婚によってすぐやめるのは困ったことだ」と述べた、というレベルです。

第三のレベルは、新聞記事に、「下村宏郵便貯金局長が「しかじか」と述べた」と書いてある、という、現在、論文の書き手と読み手が共有できる史料の内容についてのレベルです。

この三つのレベルのうち、3段落で述べていることは、基本的に第三のレベルでの叙述です。だから、3段落は現在形で、「このように新聞記事に書かれています」という形をとっているのです。一方、第一のレベル、つまり実際に女性の給料は安かったのか、勤続年数は短かったのか、といった点には、この新聞記事からは踏み込んでいません。それを述べるためには、『職員録』や給与の規則といったもっと直接にそれを示す史料があったので、新聞記事を使う必要はなかったからです。

ここで私がやっているのは、第三のレベル「新聞記事にこう書いてあります」から、第二のレベル「下村宏はこう言いました」を導くことです。ここで私は明示的に史料批判をしていませんが、私の頭のなかでは「下村宏郵便貯金局長の顕名で、それなりの部数が発行されている新聞に談話が載った場合、それが下村の意図に反するものである可能性は低いし、別にここで新聞が嘘の談話を創作する動機もなさそうに見える。言っていないなら訂正記事が載る可能性もある」といった思考が働いています。つまり、「それ本当?」と突っ込む必要が比較的薄いのです。それが、冒頭の「雇用側にとって望ましいものではなかった」という過去形の言い切りにつながっています。こうした過程を経て、新聞記事の引用は、「実際のところはともかく、少なくとも下村宏はそう思っていた」ことを示す材料として、ここでは使われているわけです。

このように、史料批判という作業は、「書いてあること」→「それが実際にあったことと合致しているか」という二段階でおこなわれるわけではなく、あらゆる史料で「ここにこう書いてある」ことを確認しながら、「ここにこう書いてあるということから、どこまでのことが言えるのか」について、レベル分けをしながらおこなわれるものです。この新聞記事を読んで、歴史家は、いきなり「それ本当？」と突っ込みをいれるわけではないのです。もし私がこの史料を誰かに見せて、いきなり相手に「それ本当？」と言われたとしたら、「ちょっと待って、その「それ」というのは何？」と聞き返すだろうと思います。つまり「女性職員の勤続年数が短いというのは本当か？」ということと、「下村宏がこう言ったというのは本当か？」ということはそれぞれ別の質問なので、それぞれに答えの返し方は違ってくるということです。

さて、この史料を使って、「下村宏はこう言った」までは言えたとして（厳密にいえば、

「下村宏がこう言った」と「下村宏がこう考えていた」もだいぶ違うことなのですが、ここではとりあえずそれは脇に置きます）、すでに述べた通り、女性の勤続年数が短いことや、女性職員の給料が男性よりも安いことは、別の史料で確認できます。一方、この史料から独自に言えることは「女性の勤続年数が短いことを、雇用者である逓信省の担当局長は望ましくは思っていなかった」ということです。引用史料中の残る要素として、「女性職員の勤続年数が短い原因は結婚によって退職するからだ」というものがあります。

これ以上この論文の紹介と分析を続けると長くなるので止めますが、実際にほかの史料を用いて分析してみると、逓信省貯金部局の判任官・雇員で、男性と女性の勤続年数に大きな違いはなく、男女を問わずに勤続年数の短い職場であったこと、男性にとって官庁の判任官という職はあまり魅力的な仕事ではなかったことがわかります。それにもかかわらず、下村宏は、女性の勤続年数の短い理由に「結婚」を挙げています。これはとても興味深いことで、単に「下村宏の言っていることは実態とは違う」ということではなく、「男性にとっては魅力的でない職場でも、女性にとっては魅力的な職場であるはずだ」とか、「女性が仕事を辞めるのは結婚が理由に決まっている」といった、ジェンダーにかかわるステレオタイプを下村宏が持っていた可能性を示すものです。このように「とりあえず史料にはこう書いてある」ことを確認したうえで史料批判をおこなうことは、単にそれは事実と一致しているか、していないかを決めるだけではなくて、「史料にこう書いてあるということは何を意味するか」という別の問いにつなげてゆく作業でもあるのです。

4 御成敗式目を読む――史料の書き手と歴史家の距離

†近い過去と遠い過去

さて、以上で紹介した私の論文は、歴史学全体として扱う史料のなかでは、二一世紀に日本語を解する読者にとって、比較的身近な組織のあり方と言語による史料に基づいて書かれています。「内閣」という単語の意味は現在の「内閣」とそう違ったものではありません。「逓信省」という組織は現在は存在しませんが、「省」という言葉の意味も、現代日本の「省」とほぼ変わらないので、仮に「逓信省」という単語を初めて目にした場合も、「なにか通信関係の業務を扱う官庁なんだろう」という推測を働かせることは容易です。逓信次官の照会は、文法的には文語体で書かれていますが、その中で使われている「拡張」「範囲」といった単語は現在使われている意味とほとんど変わりません。さんざんこだわってきた「照会」という単語も、別段この時代に特有の言葉ではなく、いまでも普通に使われます。下村宏の談話は文法的に口語で書かれているのみならず、内容的にも、現代人が「こういう人いるよね」と思うレベルのものです（もちろん、現在であれば、中央省庁の局長がこのようなことを公に発言すれば、厳しい批判を受けることは確実ですが、そのような想像がつくということは、現代の読者にとって、こういう考え方をする人がいること自体は無縁ではない、ということでしょう）。

以上のことから、二つのことが言えます。

第一に、読者にとって比較的身近なこうした史料でさえ著者はそれなりにいろいろな知識と、手順とを用いて、史料の内容を読者に提示しているということです。例えば「照会」が「問い合わせ」という意味であることは当時も現在も変わらないのですが、文書の様式としてみた場合「照会」が持つ機能は、「閣議請議」とは違うといった、一つ一つの単語の意味とは別の種類の知識を使って史料から読み取れることを提示しているのです。

第二に、読者にとってもっと縁遠い社会で作成された史料の場合、それを読者に提示するためには、もっと特殊な知識が求められるだろうということです。

†「御成敗式目」のやっかいさ

一つの例として、一二三二年に、鎌倉幕府が制定した「御成敗式目」を取り上げてみましょう。大変に有名な法令なので、この本の読者のなかにも、何らかの形でその名を聞いたことがある、あるいは中身についても聞いたことがあるという方は少なくないと思います。

しかし、御成敗式目の条文を解釈するのは決して簡単なことではなく、その解釈が歴史学者のあいだでたびたび論争になってきました（佐藤雄基「御成敗式目の現代語訳はどうして難しいのか」、同『御成敗式目』）。

御成敗式目の制定の中心にあった北条泰時は、弟の重時に宛てた手紙のなかで、朝廷の定めた法は難しいので、「文盲」のものでも理解できるような、わかりやすい法を定めた、と書いています。しかし、実際には、後世の歴史学者たちは式目の条文をめぐって論争を交わしてきたのですから、現代人にとって式目の理解が容易でないことは明らかです。では、御成敗式目が現代人にとって難しいのはなぜなのでしょうか。

日本中世史家笠松宏至は、その名も「式目はやさしいか」という小論のなかで、現代人にとっては、北条泰時が「難しい」と考えた朝廷の法の方が、むしろわかりやすい場合があるという注目すべき指摘をしています（『法と言葉の中世史』）。なぜならば、「公家法流の文飾過多の文章などは、たしかに読むのに嫌気がさすが、労をいとわず辞書をひき用例にあたれば、少なくとも肝心の法意を理解するのは、それほどむつかしくはない」からです。つまり、公家法＝朝廷の法は、古代に定められた律令であるとか、漢文で書かれた中国の古典とか、法を定めた人間と、それを運用する人間のあいだの共通の了解が、法文そのものの外側に知識の体系として存在していて、それゆえ、当時の人たちと同じく現代人もその知識の体系に助けを求め、法文の意味を理解することができる、というのです。前節での私の論文の史料引用の紹介でも、私は、当時の人たちが持っていた知識を用いることで、史料を読むことができるということを指摘しました。これと同様、同時代人が何を見て法を作っているのかはっきりしている法の場合は、その「何か」を見ればとりあえず意味はわかるということになります。

ところが、御成敗式目の場合そうはいきません。北条泰時たちが当時の人たちにわかりやすいように、つまり特別な知識をもたない人たちにも法が理解できるように御成敗式目を作ったとするならば、かえって現代人たる私たちは、その特別な知識をあてにして式目を読むことができないのです。式目が特別な知識をあてにして作られていないとすれば、あてにしていたのは当時の人たちの常識ということになります。しかし、数百年前の鎌倉時代に生きた人たちの「常識」が私たちの「常識」とは異なっていることは予想のつくところです。こうなってくると、「当時の日常語でごく平易に叙述された法文は、かえってなかなかの難物として我々の前にあらわれる」ということになると笠松は言います。それだけに、それが読み解ければ、現代の私たちとは異なる鎌倉時代の人たちのものの考え方、より一般的には、その研究の読者たちが生きる社会とは異なるルールや常識を持つ、異質な社会への理解が深まる、ということになります。これは、前節で示した私の論文が、労働とジェンダーという、どちらかといえば現在につながる問題を扱うことによって、人間社会への理解を深めようとしていたこととは異なったアプローチです。笠松や、その盟友といってもよい勝俣鎮夫らは、一九八〇年代にこのような、現代とは異なる中世日本独自の論理を、法と言葉を手掛かりに描き出す研究を相次いで発表して、日本中世史研究の一つの基盤を作ったことで知られています。

もっとも、話はこれで終わりではありません。おなじく日本中世史家の佐藤雄基は、笠松の、御成敗式目は同時代人にとってはわかりやすかったが現代人にとっては難しい、という前提に疑問を呈しています。御成敗式目は、確かに北条泰時たちはわかりやすい法として制定したつもりであっても、同時代人にとって必ずしもわかりやすい法ではなかったのではないかというのです。

佐藤が挙げている例の一つが、御成敗式目第八条です。この条文をめぐって、本文中の「知行」という単語が何を意味するかについて、学説上の論争があったことで名高いのですが、さしあたりその話は置いておきます（以下に掲げる佐藤の現代語訳も「知行」を別の言葉で置き換えることはしていません）。原文と、佐藤による現代語訳を掲げてみます。（アルファベットと傍線は佐藤論文に従い、著者が補っています。原文と訳文の（A）、（B）、（C）は対応しています）。

（原文）

（A）一　雖帯御下文、不令知行経年序所領事、

（B）右、当知行之後、過廿ケ年者、任大将家之例、不論理非不能改替、（C）而申知行之由、掠給御下文之輩、雖帯彼状不及叙用、

（佐藤訳）

（A）一　御下文を所持しているとしても、知行せずに年序を経た所領について、（B）当知行の後、二十年を過ぎれば、大将家（源頼朝）の先例にしたがって、是非を審査するまでもなく、改替してはならない。（C）しかし、知行していると訴えて、御下文を不正に賜った者は、文書を所持していた（まま二〇年過ぎた）としても認めない。

（A）、（B）、（C）の三者の関係については、笠松による研究があり、佐藤はその成果を次のように説明しています。現代人がこの条文を読んだときに真っ先に目につくのは（B）の部分です。つまり、二〇年間ある土地を実効支配していた者は、仮にそれが最初は確固とした権利にもとづくものでなかったとしても、裁判でその土地を支配する権利を否定されることはない、という意味です。ところが、条文の主題を指し示す（A）の部分は、そのような話ではなく、「権利の証拠となる「御下文」（文書類型の一つです）を持ったまま、実際にはその土地を実効支配しないで時間が経った場合」がこの条文の主題だと宣言しており、そうした状態に対する御成敗式目の規定が（C）の部分、実効支配していないときに「現在私はこの土地を実効支配しております」と主張して獲得した文書は、たとえ文書を二〇年間所持していたとしても、効力はない、ということです。つまり、この条文にとって重要なのは（C）の部分で、一般原則にあたる（B）の部分ではない、というわけです（なお、笠松は、こうした式目の条文の（A）（B）（C）の関係を、式目中の別の条文［第二四条］との比較によって導き出しています）。

佐藤が注目するのは、それにもかかわらず、式目制定後に、裁判で実際に使われるようになったのは（B）の部分、二〇年間ある土地を実効支配していれば支配し続けたものに権利が認められる、という部分なのだということです。式目制定者たちにとって、（B）の部分は「先例にしたがって」と書いてある通り、当たり前のことなので別段強調するに値するとは思われていなかったようです。しかし、「当たり前のこと」というのはしばしばあいまいなものです。たしかに、平安時代から一定の期間、ある土地を実効支配し続けたものは、最初の理由がどのようなものであったとしても、正当な権利を持つものとして認められるという法的な習慣は存在していました。それが、御成敗式目制定当時も先例となっていたのは確かでしょう。しかし、実際のところ一定の期間というのが何年なのかということについて、明文化された規定は、御成敗式目以前には存在しなかったのです。式目制定者たちがどのくらい真剣に考えたのかわかりませんが、（B）で鎌倉幕府の法として「二〇年」と書いてしまえば、それが唯一の法的根拠となり、二〇年経っているから土地の権利は私のものだとか、そうではないとかいう裁判が頻発することになってしまったのです。

つまり、御成敗式目というのは裁判の一般原則を定めたというよりも、一般原則はすでに存在していることを前提にしたうえで、個別のケース（たとえば、実効支配していると虚偽の申し立てをして手に入れた文書の効力はどうなのか）を規定した法である、というのが法を定めたものたちの意識だったわけです。ところが、いったん式目が制定されてしまうと、鎌倉時代の人たちは、その前提として書かれた一般原則が、御成敗式目ではじめて定められたかのように扱いはじめました。なぜならそのような一般原則は、これまでどのような法にも明記されたことはなかったから、というわけです。

このことは御成敗式目が、一般原則を定めるわけでも、個別の判例を示すだけでもない、中途半端な法であった、ということを意味しているでしょう。この中途半端さ（佐藤は、「立法技術の未熟さ」と呼んでいます）ゆえに、御成敗式目の解釈は、制定直後から早くも制定者たちの意図からずれてゆくことになった、というのが佐藤の主張するところです。

つまり、御成敗式目は、当時から難しかったし、したがって現在でも難しい、というのが佐藤の結論です。

†「常識」はやさしいか?

一歩引いて考えてみると、笠松の、御成敗式目は当時の人にはやさしかったが、その前提となる常識を共有しない現代人には難しいという主張と、佐藤の、御成敗式目は当時から難しかったし、現代人にも難しいという主張は両立しないわけではありません。前提となる一般原則が書いてあるというのは、要するに、北条泰時が手紙で書いていたように、当時の人びとにとってはぼんやりと了解されていた事項、つまり当時の常識にもとづいて、御成敗式目は作られたということです。しかし、過去であれ現在であれ「常識」に依拠した法というのはわかりやすいものなのでしょうか。常識で法律が作れるなら、法律家は苦労しないはずです。当時でも、北条泰時が難しいといった朝廷の法は、律令や漢籍の勉強をすれば理解可能であり、現代人でもその勉強をすることは可能です。それは専門的知識ですが、専門的知識であるがゆえに、勉強すれば身につけることができます。一方、常識は、当時の人にとっても一定の幅があったはずで、よく考えてみるとそれが常識なのかどうかよくわからない、ということも発生したはずです。結局は、立法者の意図としては、御成敗式目は当時の常識にもとづいてつくられたものだったのだが、そもそも何が常識なのかというのも難しいものなので、同時代人にとっても難しかったし、現代人にとっても難しいということになると思われます。

以上みてきた通り、現代人から遠く離れた過去の史料を読む際には、その人たちと現代人の考え方が違うから難しいという要素があることは確かなのですが、その史料を作成したり受領したりした人たちが、史料を作成したり読んだりしたときに使っていた知識（文法・語彙・根拠となる法令・先例・典拠となる典籍の知識）を知ることができれば、ある程度過去の人たちと現代人のギャップは埋めることができます。つまり史料は読めます。これは、前節で私が二〇世紀日本の史料を読んだ際にやっていた作業と、必要とする知識の特殊さ加減とか、過去の文法を習得することの難しさとか、困難さの程度の違いはあるにしても、当時の読み手が用いていた知識を用いて、当時の人が書いたものを読むという点で、本質的な違いはありません。

ただ、当時の人が漠然と抱いていた常識とか社会通念とか、そうしたものを反映させようとした御成敗式目のような史料は、理解するのに必要な知識を得るために何を調べればいいのかわからない、という点で史料を読む難易度が高くなります。しかし、当時の人が漠然と抱いていた常識とか社会通念というようなものは、現代人と同様、当時の人にとっても、必ずしもわかりやすいとは限らないのです。「常識に従って判断せよ」と言われて困った経験を持つ人は少なくないはずです。

†史料を読んで論文を書く

ここまで見てきた通り、まず、歴史家は、史料を読むときに、史料の作成者と、史料の読み手が共通して持っていたであろう知識を使って、その史料に書かれている文章の意味をとることをおこないます。その際に用いられるのは、多かれ少なかれ専門的な知識です。それはそれらの知識がもはや使われなくなった過去の知識であるからだけではなく、史料が作成された当時も多かれ少なかれ専門的な知識だったことにもよります。それを適切に用いることができれば、史料は読めるわけです。

そのうえで、歴史家は「とにかくここにはこう書いてありますね」という情報を読み手と共有したうえで、そこに書かれていることを疑う理由がある場合には、疑いながら、他の情報源を使って確からしさを吟味することになります。一般に「史料批判」と呼ばれる局面はこの部分にあたりますが、歴史家の仕事の中で、史料批判はそれだけが独立した作業として存在するとは限らないわけです。史料批判でふるいにかけるようにして史料を選び、そのうえで信じられるものをつないでゆくというような形で歴史家は論文を書いてはいません（この史料は本物かどうか、というようなところから疑わしい場合には、最初から史料批判の作業がおこなわれることもありますが）。史料を読み、「とにかくここにはこう書いてある」を確認しながら、その一連の作業のなかで、「どこまでは言えるか」を見極めて、読者が納得できるであろう水準と思ったところを文章として提示するわけです。

こうした一つ一つの史料の読みをつないで論文を書くわけですが、途中で少し触れたように、論旨をもった一本の論文のなかで、史料の読みが提示されるとき、それはその論文がどのようなテーマのものかということが読みの提示に影響を与えます。たとえば「逓信省における女性の雇員と判任官」という論文であれば、そこでの史料引用は、「ジェンダーという視点からみた官庁における労働」という観点にもとづいて示されることはさきに触れたとおりです。次章からは、こうした「ある観点にもとづいて複数の要素を配置して論文を書く」というのはどういうことなのか、について考えてみたいと思います。

第三章

論文はどのように組み立てられているか（1）

――政治史の論文の例

1 歴史学の論文と歴史研究の諸分野

†学部と○○史

ここから三つの章では、史料を用いた歴史研究の論文の構成、つまり組み立て方について考えてみたいと思います。

歴史学の論文は、第二章で見てきたように、書き手が史料から何を読み取り、どのように理解したかの説明の積み重ねによって成り立っています。そして、史料の中で、どの部分に注目し、別のどの史料と組み合わせて論文を構成してゆくかは、その論文の書き手が、その論文の課題が何であると考えているか（つまり、書き手は何がやりたいのか）によって決まってきます。

そもそも、歴史学の論文はこう書く、という一つの決まった形があるわけではありません。過去に起きた出来事、過去の人間たちの状態を対象とする研究を広く「歴史の研究」とするならば、そのなかでどのような対象をあつかうかによって、論文のスタイルは変わってきます。

　さらに話をややこしくしているのは、歴史研究をするのが「歴史学者」を名乗る研究者だけではないということです。日本の大学では、歴史学という学問分野は、だいたい「文学部」とか「人文学部」とか、そういった名前の学部の下に、文学研究や哲学研究と並んで設置されています。一方、たとえば経済学部には「経済史」を専門分野とする研究者（大学院生や教員など）が所属し、教育・研究に従事しています。同様に、法学部には法制史・政治史、教育学部には教育史、など、挙げてゆけばきりがないほどに、○○学に対応した○○史が、異なる学部・学科に存在しています。

　それでは、文学部の歴史学分野に所属する研究者で、経済現象を対象とする歴史研究という意味で「経済史」の論文を書いたり、政治的事件を対象とする歴史研究という意味で「政治史」の論文を書いたりする研究者がいないのか、といえばそんなことはありません。たくさんいます。

　それではいったい、文学部の歴史学と、たとえば経済学部の経済史は何が違うのでしょうか。何も違わなくても一向に構わないと私自身は思いますが、経済学部に所属する研究者のなかには、経済学部の経済史は、歴史学ではなく経済学の一部だ、と考える人もいます。そうした場合、経済学の論文の書き方と歴史学の論文の書き方はかなり異なるので、「経済学としての経済史」の論文の書き方と、歴史学の論文の書き方も異なることになります。

ここではとりあえず、史料とその読み取りの説明を積み重ねてゆくようなスタイルの論文を、その研究者が何学部を卒業して何学部に所属しているかは別にして「歴史学の論文」と呼ぶことにします。このようなスタイルの論文でも、さきほど述べたように、何を対象とし、何を明らかにしたいか、という問いによって、どの史料を選び、そのなかでどの点に注目し、論文のなかでどのように配置するかが決まるので、経済史、政治史、その他「○○史」の論文の書き方には違いが出てきます。以下、この章では中央政府の政治家たちの行動に注目するタイプの研究（政治史の一つ）、第四章では産業のあり方の変化に注目するタイプの研究（経済史の一つ）、第五章では著名ではない人びとの集団的な行動に注目するタイプの研究（社会史の一つ）の論文をひとつずつ取り上げ、その特徴を見ることにしたいと思います。比較の便宜のため、いずれも、明治時代の前期・中期（一九世紀後半〜二〇世紀初頭）の日本を対象とした論文を取り上げました。

私がここでやろうとしていることは、歴史学の論文はこのように書かれるべきだとか、読まれるべきだとかという話ではありません。単に、歴史家が論文を書くときに、実際にどういうことが起きているのかを提示することです。つまり、第二章で私が自分の論文を対象としてやってみたのと同じような作業を、他の人が書いた論文についてもやってみようということです。それは論文を書くとき、読むときに役に立つかもしれませんが、それを目的としてはいません。ただ、これまで歴史家の仕事を紹介する際に、歴史学の論文のなかにある文の相互関係とか、分野ごとの書きぶりの違いはどういう前提の違いから生じるのかといったことは、あまり注目されてこなかったように思います。そういう切り口から歴史家の仕事を紹介しようというのがここでの主題です。

そのようなわけで、ここで取り上げる論文たちも、特に「お手本」として取り上げているわけではありません。いずれも、それぞれの研究分野ではそれなりに知られた論文なのですが、日本史研究者ならだれでも読んでいるというほど有名な論文ではありません。あくまで、それぞれの分野の一つの例として取り上げています。それぞれの論文には発表後に批判も出ていますが、そのことは、のちの研究者から、先行研究として対話に値する論文として扱われているということでもあります。なぜそのように取り扱われているかといえば、いずれの論文も、史料を提示しながら、その読み取りの説明を積み重ねて議論を組み立ててゆくという書かれ方をしているため、その読み取りの中身やそれをつなぐ理屈には批判が出るとしても、その手続き自体はまっとうなものとして受け入れることができるからです（なぜこうするとまっとうなものとして受け入れられるのか、そのこと自体も、のちに説明します）。

†「なぜ」に対する答え方

何を対象として、何を明らかにしたいかが、研究の分野（〇〇史）ごとに異なる際に、以下の三つの章では、とくに「なぜ」という問いの使われ方に注目して考えてみたいと思います。

「なぜ」という問いが問題にしているのは、一般的には原因とか理由といったものです。過去の出来事や状態について記してゆくなかで、「なぜこうなったのか」という問いを歴史家が記すとき、「Aという事情が原因となって、Bという結果が生じた」ということが問題にされています。この「なぜ」という問いの立て方や答え方には、研究分野、つまり「〇〇史」ごとの特徴があらわれます。さまざまな歴史的な事象のなかで、注目し、説明したいことは何なのか（上の例文で「B」の部分に選ばれるのはどういう種類の事象なのか）、そして、何によってその事象を説明したいのか（上の例文で「A」の部分に選ばれるのはどういう種類の事象なのか）が、それぞれに異なっているからです。

ごく一般的にいえば、例文のAは原因で、Bは結果です。つまり、ここで問題にしているのは「因果関係」であると考えられます。しかし、この「因果関係」というものが一体何であるのかというと、これがなかなか難しい問題なのです（哲学的にどのような論点があるかについては、たとえば戸田山和久『科学哲学の冒険』や、マンフォード、アンユム『哲学がわかる　因果性』、クタッチ『現代哲学のキーコンセプト　因果性』などを読んでみてください）。

しかし、歴史家は、しばしば「なぜ」という問いを発します。また、歴史家は自分たちの仕事の目標の一部に、「因果関係」の発見をあげることは少なくありません。たとえば、ベトナム史家の桃木至朗は次のように述べています（桃木至朗『市民のための歴史学』）。

史実は無数にある。それを羅列しただけで「歴史」がわかるだろうか。複数の史実（事象）を「つなぐ」「くらべる」「列挙する」「グループ分けする」「優先順位を付ける」「名付ける」「たとえる」などの知的作業（考察）を経て、史実の間の因果関係や影響関係、事象の意義などを論じることによってはじめて、意味のある「歴史叙述」

や「歴史像の構築」ができる。

ところが、政治学者や経済学者、とりわけ統計学的な方法を使うそうした分野の研究者たちは、「因果関係」とは、ここで桃木があげている、やや漠然とした「つなぐ」「くらべる」などの「知的作業」をいろいろやった結果見えてくるものではなく、もっと限定的な手続きによって見えてくるものだと考えるのが一般的です。

たとえば、「(A)選挙前に与党が圧勝することが予想されていると、(B)投票率は下がる」という文章について考えてみましょう。この場合、(A)が原因、(B)が結果です。統計的な手法、あるいはそれに準拠した手法を使う政治学者は、(A)を独立変数、(B)を従属変数と呼ぶこともあります。(A)の方を変化させてみると、(B)が変わる関係にあるというイメージです。この文章が本当かどうか確かめてみるために、たくさんの選挙の事例を集めてきて、与党圧勝と事前報道されている場合とされていない場合とを比べて実際の投票率に違いがあるかをみてみると、たしかに「与党圧勝」と事前報道されている場合には投票率が下がる傾向にある、ということがわかったとします。

しかし、これだけで(A)が(B)の原因である、と言えるわけではありません。集めてきた事例のなかには、選挙当日に雨が降っていたり、雪が降っていたり、非常に暑かったりしたものがあるかもしれません。これらも投票率を下げる要因である可能性もあります。そもそも選挙制度が全然違う事例が混じっているかもしれません。期日前投票制度の整備がなされていない時期の事例が入っていたら、そうした制度が整備されている時期とは投票率の比較ができません。

このため、本当に（A）が（B）の原因であるかを知るためには、（A）以外の要素が、できるだけ同一の事例を比較することが重要になります。同じような天気で、同じような選挙制度のもとで行われた選挙で、その他に変わったところはない選挙でありながら、「与党圧勝の見通し」と報道されているときと、されていないときで、投票率にはっきりと差がみられるときに、（A）は（B）の原因である、と考えることができます。

独立変数以外の変数がまったく同じ、という状況は、実際の社会のなかではそうそう生じません。そのために、問いの立て方や、データの集め方、分析の仕方にさまざまな工夫がこらされて、因果関係の発見が目指されます。こうした研究は「因果推論」と呼ばれます（久米郁男『原因を推論する』などを参照してください）。こうした因果推論の手法を用いて、歴史的な事象を分析しようとする研究も、経済史や政治史ではおこなわれています。

こうした因果推論と、歴史家の「なぜ」への答え方がどう同じで、どう違うのか、一概には言えません。先にも述べたように、因果関係について考えるというのはかなりの難題である上に、これから説明するように、歴史家の「なぜ」への答え方も一種類ではないからです。ただ、最低限言えることは、歴史家がやっている「なぜ」への答え方は、こうした「独立変数のみを変化させたときに起こる変化を観察する」というものだけではない、ということです。

日常的にも「なぜ」に対して答える答え方というのは、そのようなものとは限りません。たとえば、山田が安藤に、「なぜ昨日そばを食べたの?」という質問をしたとき、安藤がなんと答えるかは、山田と安藤がどのような状況に置かれているかによって異なります。なぜなら、状況によって、聞き手が知りたかったことが違うからです。

山田は医師であり、安藤がそばアレルギーであることを知っていた場合であれば、この質問は、「安藤はそばアレルギーであることを自ら知っていたにもかかわらず、危険を冒してそばを食べたのにはどのような事情があったのか」という意味であるかもしれず、その場合、どうしてもそばが食べたい安藤に対して、どのような代替食を提案すべきか、という関心から医師・山田は質問をしているのかもしれません。

あるいは、山田と安藤は職場の同僚であり、安藤は毎日昼にはきまってとんかつを食べることを知っていたのかもしれません。山田は、安藤がとんかつを食べないなんて、体調でも悪いんではないだろうか、という心配をしているのかもしれません。安藤はそれに対して、「とんかつ屋、休みだったんだよ」と答えるかもしれません。

第一章で述べたように、歴史家のおこなう過去の探求は、誰もが日常的に避けがたくおこなっている過去との付き合いと地続きのところにあります。そうである以上、「なぜ」という問いへの答え方も、その歴史家が何を知りたいと思い、何を調べているのかによって変化するとしても、そうおかしなことではないでしょう。そこで、本章以降では、さまざまなタイプの歴史研究が、どのように「なぜ」という問いを発し、どのように答えているのかを見ることで、それぞれのタイプの歴史研究の特徴を考えてみたいと思います。

2　政治史の叙述――高橋秀直「征韓論政変の政治過程」

†「はじめに」に書かれること――先行研究と課題をのべる

最初に取り上げるのは、高橋秀直「征韓論政変の政治過程」という論文です。この論文は、一九九三年に、『史林』という学術雑誌に掲載されました。主題はタイトルの通り、「征韓論政変」です（「明治六年政変」と呼ばれることもあります）。この論文の著者高橋秀直（一九五四～二〇〇六）は、京都大学文学部の教員をつとめた政治史家で、日清戦争の研究や幕末維新期の政治史研究で知られる研究者です。

まず、予備知識として政変の概要を説明しておきましょう。これは、当時の政府首脳のなかで、朝鮮への軍事行動をとるべきという強硬な立場（「征韓論」）をとった西郷隆盛・板垣退助らと、それに反対した岩倉具視・大久保利通・木戸孝允らとの対立が発生し、政争に敗北した前者が政府を去ることになったという事件です。岩倉・大久保・木戸らは、一八七一年から、政変の直前まで、欧米を巡回する視察団（いわゆる「岩倉使節団」）のメンバーとして日本を離れており、その間、国内にとどまった西郷・板垣らの政府を「留守政府」と呼びます。征韓論は留守政府期に浮上した議論で、帰国した使節団メンバーがこれに待ったをかけたというのが政変発生の経緯です。

この論文の最初には、「はじめに」と題された部分がおかれています。冒頭を引用してみます（傍線は松沢による）。

明治六（一八七三）年一〇月の征韓論政変の実態とその歴史的意味を明らかにすることを、本稿は目的としている。

この政変については、征韓を主張する西郷隆盛ら留守政府派と内治優先の立場よりこれに反対する大久保利通ら使節団派が対立し、後者が勝利をしめたとするのが通説的事実認識である。そしてこの政変の意味については、対抗する両者には、政治路線上の大きな差異が存在し（前者の士族反動路線、後者の開化路線）、それが対立したものであるとする見解がかつては有力であった。しかし原口清氏は『日本近代国家の形成』（岩波書店、一九六八年）で、留守政府の遂行した政策は反動的なものであるどころか極めて急進的なものであり、対立した両者はともに開化路線をとる勢力であったと主張された。……（中略）……そして一九七〇年代後半になると毛利敏彦氏の一連の著作（『明治六年政変の研究』、有斐閣、一九七八年・『明治六年政変』、中央公論社、一九七九年）が登場した。

最初の段落で言われていることは、この論文の目的、つまりこの論文で何を明らかにしたいかということです。明らかにしたいことは征韓論政変の「実態」と「歴史的意味」の二つだと述べられています。これだけでは、「実態」とか「歴史的意味」とかいう言葉が何をさしているのかははっきりしません。

次の段落では、征韓論政変についての「かつては有力」であった見解、原口清という研究者の見解、その後提出された毛利敏彦の研究について触れられています。ここでなされていることは、研究者が一般的に「先行研究の整理」と呼んでいる作業です。この論文が書かれる以前に、同一テーマについて書かれている研究が何を主張したのかの説明がなされるわけです。

以下、引用すると長くなるので要約すると、毛利敏彦の説は、政変は朝鮮問題を中心的な争点としていたわけではなく、江藤新平と、大久保利通および長州派勢力とのあいだの権力闘争であったことを主張するものでした。以上の先行研究に対して、高橋は、毛利説には同意できないが、毛利によって、いくつかの「通説的事実認識を揺るがす点が明らかにされ」たことは確かだと述べています。そのうえで、論文の課題を次のように設定します。第一に、あらためて「明治六年の後半において政府内でどのように対抗関係が形成されていったのか・その対抗関係の形成と朝鮮問題はどのようにかかわっているのか・決裂過程での真の争点は何であったのか、など」の「政変の基本過程」を明らかにすることです。第二に、政変を「維新以後の明治国家の流れ全体の中で検討すること」です。第二の点が課題となるのは、先行する原口清の研究によって、留守政府派が反動的な政策を行っていたわけではないことが明らかにされたのだから、政変の位置づけを留守政府期から位置づけなおすことが必要になっているからだ、と高橋は言います。

つまり、先行研究をふまえて、高橋は、第一に、政変を引き起こすことになった政治家どうしの対立の形成の過程や、その争点を詳しく検討する必要があると述べています。ここではそれが「政変の基本過程」と表現されていますが、これが冒頭で宣言されている課題の一番目、「政変の実態」に相当します。第二に、明治維新以降の政治史の大きな「流れ」のなかに、この政変を位置づけることが目指されています。政変自体は一八七三年に起きたわけですが、その前後時期との関係を見た場合、この政変はどのように位置づけられるのかを明らかにしたい、というわけです。

政治史の論文に限らず、歴史学の論文の冒頭には、このように「はじめに」「序論」などのパートが置かれ、先行研究が整理され、その論文の課題が提示されます。先行研究ですでに明らかになっていることを繰り返すことは無駄なので、先行研究とは何か違うことを述べなければならないというのはおよそ研究の基本的なルールです。

この論文の「はじめに」には、課題として宣言されている「基本過程」「実態」「流れ」「歴史的意味」などの単語について定義が与えられているわけではありません。「実態」「流れ」「歴史的意味」（あるいは「歴史的位置」）といった単語は、論文で明らかにすべき課題を提示する際にしばしば用いられる語なのですが、「はじめに」だけを読んでも、それが何を意味しているのか、正確に知ることはできません。わかることは、「実態」といわれれば、「以前の研究よりも、より詳しい情報がこの論文では提供されるのであろう」、「歴史的意味」「位置づけ」といわれれば、「一定の幅の時間（＝「歴史的」）でおきた変化と、この論文であつかっていることを関係づけようとしているのであろう」ということぐらいです。それが実際に何を指しているのかは、論文の本論そのものを読まなければわかりません。

そんないい加減なものは学問とは呼べないと言う人もいるかもしれません。それこそ「学問」という言葉の定義次第なのですが、最低限言えることは、第一章で述べたように、歴史家のやっていることには、過去についてなにごとかを述べるという、誰もが日常的におこなっていることと地続きの側面があるということです。無理やり日常会話風にしてみると、誰かが「征韓論政変って、いろいろ先行研究があるけど、詳しく史料を読むと、これまでの説明じゃだめなんじゃないかと思うんだよね」と話し始めたときに、相手は（聞く気がある場合は）「へえ、どういうふうに？」と返すのが普通であって、「「詳しく」とはどういう意味ですか？」とか「「説明」はどういう意味ですか？」と返したりはしません。「詳しい」の意味や、「説明」の意味は、「へえ、どういうふうに？」という返しへの答えが語られるなかで聞き手は理解してゆくものです。

†高橋論文の章構成

そこで、次に、この論文の著者である高橋秀直が、この論文を通じて、どのように「実態」や「歴史的意味」を明らかにしているのか検討します。

まずは論文の構成です。「征韓論政変の政治過程」は、次に見るような構成をとっています。

はじめに
Ⅰ　留守政府の政治過程
一　留守政府の内訌
二　征台問題
三　明治六年五月の政変（太政官潤飾）
Ⅱ　征韓論政変の政治過程（１）
一　八月一七日の閣議決定と大久保・木戸の帰国
二　岩倉の帰国　――九月一三日〜一〇月一〇日――
三　西郷遣使の閣議決定　――一〇月一一日〜一五日――
Ⅲ　征韓論政変の政治過程（２）
一　政府の分裂と三条の発病――一〇月一六、一七日――
二　策謀　――一〇月一八〜二二日――

三　対決　――一〇月二二日――

四　上奏　――一〇月二三、二四日――

おわりに

先に起きたことから後に起きたことへと順番に、つまり時系列に沿って出来事を述べるというスタイルで論文が構成されていることがわかります。ここまで厳密に時系列に沿っている論文は珍しいのですが、政治史のなかでも、政治家たちの行動に焦点をおく、いわゆる「政局」の変化を扱うタイプの論文は、おおよそ時系列に沿って叙述されます。

次に論文の内容をみてみましょう。Ⅰの部分は、Ⅱ以降の論旨の前提として、高橋が、それ以前に発表した三つの論文の内容を要約して提示した部分です。叙述は一八七一（明治四）年から始まり、その年の七月の廃藩置県前後の中央政府のありさまが述べられています。高橋によれば、一八七一年初頭の日本では、「集権化・士族解体といった開化政策の推進」が課題とされており、そのなかでもっとも急進的な「開化」政策の提示、つまり、藩を一挙に廃止してしまおうという提案をした木戸孝允を中心とした政治勢力が主導権を握ります。高橋は論文のなかで、木戸孝允を中心とした政治勢力を「木戸派」と呼んでいます。また、高橋は、開化政策の推進が共有された目標となったときに、政府内外でおきる開化政策推進の主導権争いを「開化への競合」と呼びます。つまり、廃藩置県によって、「木戸派」は「開化への競合」に勝利したわけです。

ところが、木戸派の優位は長くはつづきません。一八七一年一一月に、岩倉具視を正使とする使節団が欧米に派遣されることになり、木戸自身や、大久保利通などが日本を離れます。残された木戸派の一員である大蔵省の井上馨は、開化政策を木戸派主導で推進することに失敗し、木戸派の影響の及ばない他の省が、バラバラに急進的な開化政策を推進するという事態が生じます。最終的に、井上馨が一八七三年（明治六）年五月に失脚してしまうことによって、木戸派は主導権を失います。その帰結を、高橋は次のようにまとめています。

この時期、士族の不穏な動きや六月の北条県ほか各地の農民一揆（松沢注：北条県とは現在の岡山県の一部に当時置かれていた県。一八七三年に政府の新政策に反対する一揆がおきた）の勃発など国内の緊張はさらに高まっていた。これらの緊張は徴兵令・学制・減禄（松沢注：それまで士族に支給されていた禄を削減すること）など開化政策の強行が原因となっていた。ほとんど暴走とさえいえる留守政府の開化政策の推進が社会各層の大きな反発をまねいたのである。そしてこの緊張の高まりは、それを解消する方策として対外強硬政策への志向を一層高めることになる。そして木戸派大蔵省という歯止めを失った今、機会があればそれは表面に噴きだそうとしていたのである。

つまり、政府による開化政策が、コントロールの利かないままに進められた結果、政府の外のいろいろな人たちが反発し、それを解消するために、台湾や朝鮮半島などで軍事行動をとることでその反発を解消させよう、という動きが政府内で生じた、というのです。こうした対外強硬論への傾斜があったことが、征韓論が政府内で台頭する前提であることを、Ｉを通じて高橋は述べているわけです。

Ｉで提示された留守政府の対外強硬論への傾斜は、釜山駐在の日本外務省官吏から、朝鮮が、日本人による密貿易の取締を強化したこと、それを掲示した文言のなかに、日本を侮辱する文言がある、という旨の報告が到着したことで、朝鮮への日本軍派遣論として噴出します。留守政府の一員であった西郷隆盛は、自分が使節となって朝鮮に赴けば、現地で殺害されることを予期し、それを契機として対朝鮮戦争が開始されるものと見込んで、自ら使節となることを希望します。留守政府は八月一七日の閣議で、西郷の朝鮮派遣を「内決」し、岩倉が帰国したのちに同問題を「再評議」することをきめます。

使節団として欧米を視察したのちに帰国した岩倉らは、国内統治の安定を優先させ、対朝鮮開戦を阻止する意見を持っていました。高橋は、岩倉、木戸、大久保利通ら、対朝鮮開戦反対派を「使節団派」ないし「内治派」と呼びます。一方、留守政府メンバーのなかでは、西郷の開戦への意欲は突出しており、他のメンバーは、西郷派遣を延期するという線で使節団派と妥協の余地があると考えていた、と高橋は指摘します。しかし、肝心の西郷が八月一七日の閣議決定遵守を要求したため、それに参加していた留守政府メンバーはこれに反対することができず、西郷の主張に巻き込まれます。こうして形成される、対朝鮮強硬路線を唱える留守政府メンバーを、高橋は「内治派」に対して、「征韓派」と呼びます。ここで、政局は、「使節団派」＝「内治派」と、「留守政府派」＝「征韓派」の対立の様相を呈することになり、一〇月一五日、政府の最高責任者たる太政大臣・三条実美は、決断を迫られて、西郷の使節派遣を決定します。ここまでが、「Ⅱ」の内容で、いったん「内治派」の主張が敗北を喫するところまでが記述されています。

続く「Ⅲ」では、岩倉ら内治派の巻き返しの過程が述べられています。両派の対立の激化を前にして、いったんは西郷派遣を決めた太政大臣・三条実美は「錯乱」状態に陥り、太政大臣代理となった岩倉具視は、宮中の天皇側近に働きかけるという政治工作を巻き返しの手段として選びます。つまり、事前に天皇に使節派遣中止を吹き込んだうえで、岩倉が、天皇に、対立する二案（西郷を使節として派遣するか否か）を示して、天皇の裁可を仰ぐという行動に出たのです。岩倉の工作の結果として天皇は使節派遣を却下し、「内治派」は「征韓派」との政争に勝利し、「征韓派」のメンバーは辞表を提出して政府を去ることになります。

†第一の課題への答え方

このあとに、「おわりに」が配置されています。高橋が何を明らかにしたと自ら考えているのかを読みとる一例として、論文のⅢに相当する箇所を、「おわりに」のまとめのなかから見てみましょう（傍線は松沢による）。

しかし岩倉らは、なおあきらめず閣議直後より逆転への動きをはじめ三条に圧力をかけた。板挟みとなった三条は一〇月一八日発病する。この新事態に、征韓派は、一九日閣議を開き、岩倉の太政大臣代理任命と朝鮮問題再評議を決定した。一方岩倉らは、さらに大久保とも連係し、逆転への策謀をすすめていた。……（中略）……一五日閣議決定とこれに反対する岩倉の意見の双方を二三日に上奏しその選択をあおぐという戦略である。この戦略の背景には、このときまでに天皇側近への工作を通し遣使反対の秘密上奏を行い、天皇の賛同をえていたことが存在していた。こうした動きに対し西郷ら征韓派五参議は、二二日岩倉邸を訪問、閣議決定通りの上奏を要求したが、岩倉の頑強な拒絶にあい、なすところなく引き上げた。そして翌二三日上奏は行われ、翌日、天皇はこれを裁可するとともに征韓派五参議の辞表を受理した。これが征韓論政変である。

ここで、「はじめに」で高橋が課題としていたことは二つあったことを思い出しましょう。「これが征韓論政変である。」というこの段落の末尾から、二つの課題のうち、「征韓論政変の実態」を明らかにするという課題は、ここで引用したような記述によって答えが与えられるようなものであったことがわかります。

これはどのような特徴をもつ記述でしょうか。傍線部を見ればわかる通り、岩倉、西郷、天皇などの政治家と、政治家の集団（「〇〇派」）が、何かを考え（「あきらめず」、「戦略」を練る）、何か行動を起こす（「圧力をかける」「決定する」「秘密上奏を行う」「要求する」「裁可する」「受理する」）、そして、ある政治家ないし政治家集団の、ある時点における行動が、別の政治家ないし政治家集団の次の時点での行動に影響を与える（「こうした動きに対し西郷ら征韓派五参議は」）というモードで書かれている文章です。つまり、高橋の言う「征韓論政変の実態」を明らかにするという課題は、先行研究が示しているのとは異なった形で、関与した政治家たちの考えや行動、そしてある政治家（たち）の行動が、別の政治家（たち）の行動に影響を及ぼしたいきさつを明らかにするということを意味していたわけです。

もう少し具体的に、高橋が、史料からどのようにこうした記述を作り上げているのかを見てみましょう。この論文でもっとも多く使われている史料は書簡（手紙）です。登場人物である岩倉、木戸、大久保、西郷たちは頻繁に書簡のやり取りをしており、その検討がこの論文の骨組みとなっています。この論文で書簡が史料として用いられるとき、主として二つの使い方がなされています。一つ目は、書簡に書かれていることから、政治家たちがどういう行動をとったか、どういう考えを持っていたかを読み取るような場合です。たとえば、次のような箇所がそれにあたります（史料中の傍点と（ ）は高橋による補足、ルビは松沢が付した)。

この一九日の閣議ではもう一つ重要事項が決定されたと思われる。一〇月二〇日副島は岩倉に以下の書簡（「征韓論一件」所収）を送った。

唐太朝鮮台湾之儀ニ付、前議之失得を置更ニ方略手順等詳細御評議可相成、万今日国家不得已之計と、同僚決議之上申上候処、〔岩倉が〕御承知ニ付、〔副島より〕大久保へも可申通旨〔岩倉に〕申上置候処、頃日之次第最早世間ニ紛々相聞、中ニハ附句段々有之哉ニ承り驚入たる儀ニ候。全体其節ハ不相洩様約束も相成居候処、右之都合ニ付而ハ、下官ゟ《より》大久保へ申通候儀無詮事と存候間、可遂御断候。閣下ゟ《より》御申通可然と奉存候、右なくハ下官唯待罪而已《のみ》ニ御坐候。此段得御意候也

ここで副島の言及している「同僚決議」とは一九日の閣議の決定であると見てよいであろう。そしてその内容は、樺太・朝鮮・台湾について「前議之失得を置更ニ方略手順等詳細御評議」という、事実上の朝鮮問題再評議であった。つまり三条の精神錯乱

（その原因が朝鮮問題をめぐる閣議の分裂にあることは彼らに明白であったろう）に直面した副島らは、その原因となった朝鮮問題について再評議を行うという譲歩を決めたのである。

第二章で見たのと同様、これは、史料引用前置き＋史料引用＋敷衍という、文字史料を扱うときの定型的なセットの一例です。用いられている史料は、一〇月二〇日付で、征韓派の副島種臣から、内治派の岩倉具視に宛てた書簡で、だいたいの内容は、「樺太・朝鮮・台湾などの対外政策のことについて、前に決定したことのメリット・デメリットをもう一度検討することを決めた。そのことを岩倉に伝えたところ、岩倉は了解したので、自分から大久保にも伝えようとしたが、最近は情報がすでに世間に漏洩しており、尾ひれもついて話されている状況である。このような状況では、自分から大久保に伝えても無駄だと思うので、岩倉から大久保に伝えてほしい」というものです。高橋は「同僚決議」は「一九日の閣議の決定であると見てよいであろう」という推測を下しています。副島が当時の閣議の構成員であること、岩倉、大久保ら内治派は構成員でありながら閣議をボイコット中であること、そのため一九日には征韓派のみで閣議が開かれたことなどがこの部分より前のところで述べられているので、それを前提にすると、副島の「同僚」が「決議」することとは閣議決定であり、それを岩倉に伝えているのだ、ということが推測可能です。「見てよいであろう」という現在時制で推測をともなう語尾は、この書簡を読んで判断を下しているのは、この論文を書いている高橋秀直であることを示しています。そのあとに、「前議之失得を置更ニ方略手順等詳細御評議」という箇所から、その閣議決定の内容は、以前に決めた対外政策の再検討、つまり、征韓派が主張してきた使節派遣の再検討であった、という読み取りが続きます。

そして、征韓派が朝鮮政策の再検討を承認するということは、使節派遣を主張してきた征韓派がその主張を弱め、内治派に対する譲歩をおこなったことになる、つまり一九日に征韓派の政治家たちがとった行動（譲歩という行動）を、この書簡から読み取っているわけです。この部分の語尾は「事実上の朝鮮問題再評議であった」、「譲歩を決めたのである」と、過去時制を取っており、高橋の書きぶりは断定的です。この部分は「再評議であったことが読み取れる」「譲歩を決めたことがわかる」などと書くこともできますが、決定に加わった当事者である副島種臣が、閣議ボイコット中の岩倉にこのことを伝えることそのこと自体が、「譲歩」という行動の一環でもあることが、断定的に書くことを可能にしているという事情があります。

　この部分でもこのように少し顔をのぞかせているのですが、書簡を出すことそれ自体が何らかの行動を示している場合、書簡から、政治家の行動それ自体を明らかにすることができる、というのが、書簡の史料としての使い方の二つ目です。そのような例として次の部分を見てみましょう（出典表記を一部省略）。

> 三条をここまで狼狽させたのが同日（一〇月一一日、引用者）付の西郷からの書簡であった。そこで西郷は、自分の派遣が「最初御伺之上御許容」になったのに「今日ニ至リ御沙汰替等之不信之事共ニ相変し」ては、「為天下勅命軽キ場ニ相成候」、とした上で、もしそれでも変更するなら、「実ニ無致方死を以国友へ謝し候迄ニ御座候」と述べていた。自己の遣使が変更されるなら自殺するという強硬な決意をここで西郷は示したのである。

　高橋がここで説明しているのは、西郷は三条に、もし決定が覆るようなら、自殺するとほのめかすという書簡を送った、ということです。この部分の少し後で、高橋は西郷のこの行動を「客観的には脅迫」と述べています。つまり、「決定が覆るようなら死にますよ」という手紙を、西郷が三条に送ったのは、西郷が三条を脅迫したという行動そのものだ、というわけです。第二章で述べた通り、差出人と受取人を持つタイプの史料は、その史料が残されていること自体が、借金の依頼、官職への任命といった何らかの行為が行われたことを示すものと理解できます。書簡もまた差出人と受取人を持つタイプの史料ですから、このタイプの史料のそうした性格を使って、ある政治家の行動そのものを明らかにすることもできるわけです。

第二の課題への答え方

さて、この論文には課題がもう一つありました。それは、政変の位置づけを「維新以後の明治国家の流れ全体の中で検討すること」でした。この点について、「おわりに」では次のように答えられています（傍線は松沢による）。

開化への潮流は、明治四年以降、社会の主潮流となっており、政府内の急進改革論はその先端と言うべき存在であった。しかしこのとき彼らはあまりに急ぎすぎた。開化政策の強行に士族や農民の不満は高まり、社会的緊張は激化した。明治五年後半以降の留守政府における対外強硬論の噴出は、これへの対抗という性格を持っていた。開化政策に敵対するためではなく、それがもたらした矛盾を外にそらすために、留守政府の大勢は対外強硬論に向かったのである。この点において征韓論政変は、開化への競合の過熱、開化政策の暴走の一つの帰結といえるものであった。

征韓論政変は、政治構造について大きな変化をもたらした。これ以前においては、政策推進能力をもつ勢力は、広義の政府（廃藩前は諸藩指導者をふくむ）の内部にほぼ網羅されており、勢力間の対抗は政府内で争われ、その帰結も、例えば明治三年の民蔵分離（松沢注：民部省と大蔵省という二つの省は、一八六九（明治二）年に事実上一つの省となり、高橋のいう急進的な開化政策の担い手となったが、一八七〇（明治三）年に再度分離された）のように、政府内の勢力バランスの変動というかたちとなった。しかし征韓論政変において政府内の抗争は、西郷の固執という多分に偶然的要因により激烈なものとなり、政府の分裂をもたらした。そしてこの政府の分裂は、在野勢力に結集核を与え、政権担当能力をもつ有力な対抗勢力が成立することになった。そしてかかる対抗在野勢力の成立は、さらに政治参加層の従来よりの一層の拡大を生み出すことになる。この結果、政治の場は政府内のみより、政府・在野の対抗をふくむよりダイナミックのものへと変化することになり、開化への競合は、新たな次元で展開されることになるのである。

前に見た「政変の実態」に対する答え方と、この記述を比較して特徴を考えてみましょう。

第一に、「実態」への答えと違って、こちらには固有名詞がほとんど出てきません。そのかわりに「政府内」「士族」「農民」「在野勢力」といった、一般名詞が中心になっています(ただし、これが本当に一般名詞といえるかどうかはあとで検討します)。数少ない固有名詞のうち、「民蔵分離」と「西郷」が、それぞれ「例えば」、「偶然的要因」という単語をともなっていることに留意しましょう。「民蔵分離」は、「政府内の勢力バランスの変動」を引き起こした事件が複数あったことを、読者に思い起こさせるための例として言及されています。そして、征韓論政変において西郷が、自らの使節派遣にこだわったことが「偶然的」であったというのは次のような意味です。留守政府の大勢が対外強硬論に向かったことそれ自体は、それまでの政策方針や政府内の対立の末におきたこととして説明できる。

しかし、政府の分裂を引き起こすことになった西郷の行動は、そうしたいきさつの結果ではない（これは、本論のなかでの、西郷以外の「征韓派」が「内治派」と妥協可能性をもっていたという指摘に対応しています）。

一般名詞のなかで、多用されている単語は「政府」「政府内」です。そして、それに対応する語として「士族や農民」「在野勢力」が登場します。つまり、この文章で高橋は、固有名詞を消去し、それを政府の内にいる者、外にいる者、という形で整理しようとしているわけです。

第二に、高橋が独自に作った概念である「開化への競合」という単語が、政府の内・外という区別、また征韓論政変の前・後という時間の推移と組み合わされて用いられています。明治四年以降、開化が共通目標となり、さまざまな集団が開化の主導権をめぐって競争する事態がおきた、これが高橋のいう「開化への競合」です。そして、征韓論政変まではその競合は政府内でおこなわれていたが、政変後は政府の内と外を横断しておこなわれるようになった（はっきり書かれていませんが――下野した征韓派のメンバーが自由民権運動を起こすことを念頭においています――断言を避けたわけではなく、論文の想定読者である研究者にとっては自明のことだからです）というわけです。

以上をまとめるならば、「維新以後の明治国家の流れ全体の中で検討すること」という課題は、高橋が「開化への競合」という見方によって、明治初期のさまざまな政治家・政治勢力の行動や相互関係を検討してゆくという作業の一環として、政府の内と外という区別を設定したときに、その関係が変化する画期である、という形で答えがあたえられていることになるわけです。高橋の「開化への競合」論は、先に見た通り、この論文一つだけで主張されているのではなく、この論文を含めたいくつかの論文が連作のように執筆されるなかで用いられている概念です。とはいえ、「開化への競合」という見方は、第一の課題にかかわる、政治家の思考と行動を描くという記述と無関係に、それらの記述に当てはめられているわけではありません。複数の政治家の思考と行動、その相互作用を見ていったときに、彼らの行動は「開化への競合」、つまり欧米的な仕組みの導入の主導権を誰が握るのかの争いとして理解することができる、という形で提示されています。この「開化への競合」というまとめかたは、征韓論政変についての先行研究の理解とかかわって、「保守 vs.開化」という政策対立の結果であるという主張、また政策対立とはまったく関係のない単なる権力闘争であったという主張（最初に紹介した毛利敏彦の説）と、高橋の主張とを区別するという機能も果たしています。この二つの説とは異なり、当時の政府首脳のあいだでは「開化を目指す」という枠は共有されていたものの、朝鮮問題の位置づけが「留守政府派」「使節団派」で異なっていたがゆえに、政変が起きたのだ、ということを高橋は主張したいわけです。

通常、このようにあるひとつの見方を提示しながら、連作のように書かれた論文は、一定程度のまとまりが出来上がると、著者自身によって手直し・整理されて、一冊の研究書にまとめられます（残念ながら、これらの論文群が一冊の本になる前に、高橋はこの世を去ってしまいました）。

3 政治史叙述の条件

†これは唯一の答えではない

第一の課題に対しても、第二の課題に対しても、高橋の与えた答えは、高橋の提示した史料と、そこから高橋が読み取ったことにもとづいています。しかし、高橋の示している答えは、かならずしも唯一の答えというわけではありません。

歴史家が、過去のある出来事の検討を、残された史料にもとづいておこなう場合、一方の歴史家が、完全に間違った読み方（たとえば主語を取り違えるとか、史料の時期を間違えるとか――なお、史料を読むのはそれなりに難しいので、このレベルでの間違いを犯すことはそれほど珍しいことではありません。次の章で見る論文の先行研究はこのレベルで間違っている例です）をしていない限り、複数の歴史家が同じ出来事について書いた論文が、どうしようもなく対立してしまい、どちらが正しいとも決められないということはそうそう起こらないはずです。残されている史料が少ない場合（征韓論政変はたくさんの史料が残されているケースです）、相当多くの対立点が残ることもありますが「ここまでは一致できる」という線は決められるでしょう。

第一の課題に関連して、たとえば、前に示した一〇月二〇日付の岩倉具視宛副島種臣の書簡について考えてみましょう。繰り返すと、その手紙のなかで副島は、「a 樺太・朝鮮・台湾などの対外政策のことについて、前に決定したことのメリット・デメリットをもう一度検討することを決めた。そのことを岩倉に伝えたところ、岩倉は了解したので、自分から大久保にも伝えようとしたが、b 最近は情報がすでに世間に漏洩しており、尾ひれもついて話されている状況である。このような状況では、c 自分から大久保に伝えても無駄だと思うので、岩倉から大久保に伝えてほしい」という趣旨のことを、岩倉に伝えたのでした。

複数の歴史家がこの書簡を読んだとして、「これは岩倉宛の副島書簡である」「副島は、対外政策の再検討をおこなうことを岩倉に伝えたと述べている」「副島は、同じことを大久保にも伝えようとしたと述べている」「副島は、自分の意向を大久保に伝えてほしいと岩倉に頼んでいる」といったことについて、意見が一致しないことは、まず考えられません。

一方で、ここに書かれている情報のうち、高橋は、傍線aの部分に注目し、一〇月一九日の閣議で、征韓派の参議たちが政策の再検討を決定したことを読み取ったのでした。しかし、たとえば傍線bのところに注目するならば、朝鮮政策をめぐる政府内の政策対立が、すでに政府外に漏洩していると副島が認識していることが読み取れます。また傍線cで述べられていることは、副島は岩倉には直接このことを伝えることができるが、大久保との間では、情報の漏洩をめぐって相互不信が生じており、直接連絡をとることができないと、副島が考えていることが読み取れるでしょう。

傍線部a、b、cはすべて同じ書簡のなかに書かれているわけですから、相互に矛盾するわけではありません。しかし、高橋が拾わなかった傍線部b、cの情報を、他の史料と組み合わせてゆくならば、例えば情報管理の問題とか、征韓派参議から見た場合の岩倉と大久保の立場の違いとか、政変の推移に関わってくる別の要素を重視する歴史記述を組み立てられる可能性もあります。そのような研究は、高橋の研究を先行研究として、高橋の明らかにしたことに新たな論点を付け加え、修正するという形をとるはずです。

第二の課題に対する高橋の答え、つまり「開化への競合」というまとめ方についても、他の答えはあり得ます。一例にすぎませんが、高橋論文のあとに、勝田政治という研究者が書いた論文では、高橋が解明した政治家たちの行動（つまり、第一の課題に対する答え）についてはおおむね同意しながら、高橋が「留守政府派」と「使節団派」の政策の差を小さく見すぎている、という主張をしています。それは、欧米の視察を経た「使節団派」は、欧米資本主義のありさまを実際に見ることで、目指すべきモデルを具体的に認識し、それは即座には達成できないので、国際状況を見極めながら、大規模対外戦争を避けつつ漸進的に資本主義化を進める、という体系的な政策を有していたのに対し、「留守政府派」は、こうした体系的な政策構想を欠いていた、という指摘です（勝田政治「征韓論政変と国家目標」）。この主張は、「開化への競合」論と矛盾しているわけではないのですが、政治家たちが「開化への競合」をしていたことよりも、一方のグループは明確な政策目標を持っていたのに対して、一方はそれを欠いていたということを強調し、もう少し長いスパンでみれば、「使節団派」の政策体系が、政府の目標として定着したことに征韓論政変の画期があった、と述べています。つまり、議論の重点の置き方が違うわけです。

この重点の置き方の違いに応じて、高橋論文と勝田論文では、重視される史料の部分も異なっています。たとえば勝田論文では、史料から政治家の行動を読み取ることより、史料から政治家の政策構想を読み取ることが多く行われています。

征韓論政変前後の時期まで視野に入れれば、高橋が「開化への競合」論の枠のなかで、征韓論政変の画期性（つまり、開化への競合が政府の中で行われていた時期から、政府の内と外を横断して行われるようになる時代への変化）を見ているのに対し、勝田は、「国家目標」論の枠のなかで、征韓論政変の画期性（つまり、留守政府のはっきりとした国家目標不在の時期から、政府が国家目標を明確に自覚するようになった時期への変化）をとらえているという違いがあります。さらにいえば、この「開化への競合」論の研究より前に高橋が取り組んでいた研究が、国内政治と外交の絡み合いがどのように日清戦争に至るのか、というテーマであったことを考えるならば、高橋が知りたかったことは、外交関係、とりわけ朝鮮半島をめぐる日本の対外政策が、国内政治の推移とどのように絡み合っていたのか、という点にあったのだろうと考えることができます。一方、勝田の征韓論政変の論文は、のちに加筆されて、『内務省と明治国家形成』という書籍のなかに一つの章として収められています。このことから、勝田が知りたかったことは、一八七四（明治七）年に「内務省」という官庁の設立をもたらすような政策は、どのような事情で形成されてきたのか、という点にあったのだろうと考えられます。二人の知りたかったことはそれぞれ違うのです。

以上のように、歴史家は、一つの史料について、それなりに共通した理解を前提にしたうえで、それぞれ自分の知りたいことに応じた問いをたて、その史料から注目すべきポイントを取り出してきます。一方で、歴史家相互のあいだにある共通理解の方は、あまり目立つ書き方をされません。共通してわかっていることはわざわざ強調して書くようなことでもないからです。

この本で何度か書いてきた通り、歴史家の研究は、誰もが日常的におこなう過去の出来事の振り返りと連続しています。ここでも日常生活のことを考えてみれば同じようなことは起きていることがわかるでしょう。たとえば、山田が「昨日食べたそば、ちょっとつゆがしょっぱかったよね」と述べたのに対して、安藤が「それほどでもないと思ったけど」

と答えたとして、この二人は、昨日同じそば屋で同じようなそばを食べたこと、そして、そばつゆは多かれ少なかれ塩辛いものであることを前提に会話をしています。しかし、会話の焦点は、山田と安藤がそばつゆのしょっぱさについて異なる評価をしていることに置かれています。これと同様、歴史家も、共有されている事柄についてしつこく念押しをするようなことはしません（この本でやっているのはむしろこの共有されている事柄をあぶりだすことだといえるかもしれません）。

一方、歴史家は一人ひとり知りたいことは異なるので、その知りたいことに応じて、論文のなかで何が強調されるのかは、たいてい異なっています。そして、歴史家は、このように、一定の一致点を共有した先で、それぞれの知りたいことに応じて異なった答えが出てくることを、普通、それほど困ったことだとは考えていません。

どうして困らないのでしょうか。まず、自覚的にか無自覚的にか、歴史家は、自分の知りたいことと他の人が知りたいことが完全に一致することはない、という前提で仕事をしています。極端な例ですが、阿部謹也というヨーロッパ中世史の研究者が、指導教員だった上原専禄という研究者から、卒業論文のテーマ選択にあたり「どんな問題をやるにせよ、それをやらなければ生きてゆけないというテーマを探すのですね」と言われた、という逸話がありますす（阿部謹也『自分のなかに歴史をよむ』）。つまり、自分にかけがえのない、切実な問題をテーマに選べ、というわけですが、そうするとそうした問題は人それぞれ違ってくるのも当たり前、ということになるでしょう。「生きてゆけない」は極端にしても、多くの歴史家は、何に関心を持つのかはその人次第であると考えているようにみえます。

むしろここで考えるべきことは、それでも研究者どうしの対話が成り立つのはどうしてか、ということでしょう。何に関心を持つかは研究者それぞれだということは、研究者の知りたいこと次第で研究の結果なんてバラバラになってしまう、ということを意味しません。変な言い方になりますが、仮に、まったく同一の史料を読んだ研究者が二人いるとした場合、その二人の研究者が「知りたいと思えること」は、史料によって制約されているからです。

たとえば、征韓論政変の場合でいえば、日本の政府内の政治家どうしのやり取りを見ていても、「日本の対朝鮮政策を朝鮮の政治家はどのように見ていたのか」ということはわかりません。わからないので、そういう問いをその史料に対して立てること自体が適切ではありません。そういうことを知りたい人は別の史料（朝鮮側の史料）を読むことになるでしょう。研究者が「これを知りたい」と思ったときに、読むべき史料には、その「知りたい」と関係があるものとないものがあるわけです。そのような条件のもとに置かれている歴史家たちが、それぞれ相互に異なった「知りたいこと」を抱えているにもかかわらず、同じ史料を読んでいるとすれば、それぞれの「知りたいこと」は無関係ではないはずで、「おたがいの知りたいことにはどういう関係があるのか」という形で、二つの研究は結び付けることができるのです。

もう一歩進めていうと、そもそも、歴史家が、「このことを知りたい」と思うことそれ自体も、歴史家を取り巻くさまざまな環境に左右されます。したがって、あることを知りたいと思う研究者は、特定の時期、特定の国や地域に集中して現れるというようなこともあります。言い方は悪いのですが、研究には、流行りすたりがあり、地域的かたよりがあります。

このこと自体はそう否定的に考える必要はありません。なぜなら、「このことを知りたい」は、歴史家一人ひとりがでたらめに思いつくわけではない、つまり歴史家たちの知りたいことにはやはり関係があるのだ、ということでもあるからです。

この章の最初で、この本で取り上げる三つの論文は、いずれも研究者のあいだで、批判はあるが、まっとうなものとして受け入れられている、それは史料の読み取りとそれに基づく議論の展開がなされているからだ、ということを述べました。どうして史料の読み取りを作業の中心にすえるとそれがまっとうなものとして受け入れられるのか、歴史家相互の対話が可能になるのか、ということをここでもう少し具体的に述べることができるでしょう。ある主題についてまともに史料を読んでいる限り、その史料を使って立てることができる問いは、史料によって限定されています。問いが限定されている以上、言えることには限りがあり、研究者どうしの対話（論争と言いかえてもよいです）の土俵がその史料によって決められ、議論は一定の範囲に収まることが期待できるのです。

ただし、ここで私は歴史家どうしの課題設定や、先行研究批判・継承のあり方を、やや理想的に描いていることは正直に白状しなければなりません。実際には、先行研究との差異を際立たせるために（第三者からみればそれほど矛盾しないことが述べられているにもかかわらず）、「これまでの先行研究はすべて間違っている！」式の「はじめに」を書いてしまう研究者も、残念ながら存在します。

加えて、他の歴史家の知りたいことには意味がなく、自分の知りたいことのほうが重要なのだ、と言い募る歴史家というのも存在します。たとえば、「日本の対朝鮮政策」と「朝鮮の対日政策」のどちらか片方だけを知りたいと思う人がいても別に構わないし、両国の外交政策の相互関係を知りたい、と思う人がいても構わないと思うのですが、日本の対朝鮮政策を分析した論文に、「この論文には朝鮮側の視点が欠けている」というような批判がなされるような場合です（あくまで架空の例です）。ただし、朝鮮側の史料を見ないで、「朝鮮政府はこう考えていたため……」というような議論をしているとすれば、この批判は妥当です。日本側の史料だけを見ていてわかることは、せいぜいのところ、「「朝鮮政府はこのように考えている」と日本の政治家誰々は考えていた」というところまでです。さらにいえば、なぜ日本側の史料だけを見ていても論文が書けるのか、というのは、研究する際の意味のある地域のまとまりとはどのようなものか、という問いにもつながってくるのですが、この点についてはのちに触れることにします。

ある視点からの研究が流行っているときに、流行らない視点の研究をやっていると、「それは重要ではない」と言われることもあります。これは研究に流行りすたりがあることの、あまりよくない側面です。この点については、第六章で触れることにしましょう。

†「なぜ」に対する答え方

さて、ここまでで、征韓論政変に関して、高橋には高橋なりの知りたいことがあり、それを明らかにするために史料の引用とその読み取りを積み重ねているのだ、ということを述べてきました。それに対応して、高橋がどのように「なぜ」という問いを立て、それにどのように答えているのかを見てみましょう。

一例として、一〇月二二日、対朝鮮政策の再検討のために開かれるはずであった閣議をめぐる議論の進め方を見てみましょう。実際にはこの閣議は開かれませんでした。そこで、高橋は、「なぜ再評議の閣議は行われなかったのであろうか」という問いを立てています。これに対して高橋が与えている答えは、「二二日の閣議を行わずにこのまま二三日に上奏を行うという方針をこのとき彼らは立てていたのである」というものです。「彼ら」というのは、岩倉具視や大久保利通や使節団派の政府首脳たちです。これだけでは疑問は充分に解決されていません。二三日に計画されている上奏とは何かがわからないからです。そこで高橋はこのあとにすぐ続いて、「二一日の夜岩倉らが考えた上奏方針とはどのようなものであったのだろうか」と問いを立て、それは事前に宮中工作をして天皇に岩倉らの方針を吹き込んだうえで、留守政府派と使節団派のそれぞれの意見を天皇に示し、天皇の決断を仰ぐ、という方針であった、ということを史料に基づいて明らかにしています。

つまり、高橋は、なぜ二二日に再評議の閣議はおこなわれなかったのか、という問いに対して、二一日のうちに、岩倉たちは、宮中工作で天皇の意向を岩倉の側に引き寄せたことの確証の上で、上奏するという方針を立てていたから、という答え方をしています。要するに、「岩倉たちがこのように考えていたから」というのが高橋の用いている答えの形式です。これは特定の個人、あるいは複数の個人の意思・思考に原因を帰するという形です。

これが、本章の最初に述べた、狭い意味での因果推論の形式をとっていないことは明らかです。もし、無理やり因果推論のかたちに当てはめるならば、岩倉たちが二一日に上奏の計画を持っていた場合と、持っていない場合を比較して、前者では二二日に閣議が開かれず、後者では閣議が開かれた、という結果が観測された場合には上奏の計画は二二日の閣議不開催の原因だったといえる、という議論を展開することになるでしょう。しかし、征韓論政変は一回しか起きていませんし、岩倉具視も同時に二人は存在しないので、このような議論の仕方は不可能です。

この論文のなかで高橋がやろうとしていることは、征韓論政変という一回限りの出来事について、ある政治家がどのように行動し、それが別の政治家にどのように作用し……という連鎖的な関係を明らかにすることです。その限りにおいて、「なぜ?」「岩倉たちはこう考えていたから」という答え方は不適切なものとはいえないでしょう。

もうひとつ、対朝鮮強硬論の浮上の原因として挙げられていた「開化への競合」についてはどうでしょうか。さきほど、「開化への競合」論については、政局の動向を描く場合とことなり、「政府」「士族」「農民」といった一般名詞が用いられている、と述べました。ここで問題になるのが、高橋の使う「政府」という言葉は、別に「およそ政府というもの一般」を指しているわけでもなく、「開化への競合」も、「およそ開化を目指すこと一般」を指しているわけでもないことです。高橋は、西暦一八七〇年代の日本、それも主として東京におかれた政府のなかでのできごとについて語っています。したがって、「政府」というのは、一八七〇年代の日本政府のことです。高橋は「急速な欧米化をめぐって主導権争いが起きているところでは、対外強硬論が政府内から沸き起こる」というような、どこか別の政府にも当てはまる命題を主張しようとしているわけではありません。こうした複数の事例を扱う場合であれば、前の節で述べたような狭い意味での因果推論の方法をもちいることもできるかもしれません。そうした国の事例を集めてきて、「(A)急速な欧米化をめぐる主導権争いが起きているか」「(B)対外強硬論が政府から沸き起こっているか」を統一的な基準で集計し、(A)を独立変数、(B)を従属変数として、両者の関係を見る、という方法です（実際にはとても困難だと思われます。それぞれの国の歴史にはいろいろな要素がかかわっているので、ほかの条件をコントロールするのが難しいと思われるからです）。

高橋論文は、西暦一八七〇年代の東京におかれた政府のなかでのできごとという限られた場面を説明しているだけなのですが、それでも高橋論文は研究として意味のあるものとして成立しているように見えます。これを可能にしている条件として、次の二つを考えることができます。

第一の条件は、高橋論文に登場する人物は、いずれもその行動の引き起こす影響が、他の人より大きい立場にいる人たちだ、ということです（そもそも「政府」とか「政治家」とかいうのは、そうした組織や人物を指して用いられる名詞です）。西郷隆盛が朝鮮半島で死んでしまえば、日本と朝鮮のあいだで戦争が起こってしまい、日本列島、朝鮮半島、そして中国に暮らす政治家ではない人たちも否応なくそれに巻き込まれてしまうわけです。それゆえ、政治家たちは他の人間より、より強い関心を持って観察される対象になります。その影響力の大きさゆえに、特に「他のケースはどうなのか」ということを不思議に思うこともなく、西郷隆盛や大久保利通の行動を説明するだけで、読者は何らかの知見を得たものとして納得することができるのです。一般的に、「政治史」と呼ばれている研究、とりわけ高橋論文のような政治家たちの行動が作り出す政局の推移を追ってゆくタイプの研究は、影響力を持つ人、俗な言い方をすれば「偉い人」の研究をしており、それはそのこと自体に意味があるということを、自覚的にせよ無自覚的にせよ前提にしています（なお、歴史家のなかにはこうしたタイプの研究には関心を持たない研究者もいて、第四章でみる経済史や、第五章でみる社会史の研究などに向かうことになるわけです）。

第二の条件は、この時代には、日本には日本政府は一つしかないので、日本という国家を叙述の単位として意味あるものと考えるならば、政府の構成メンバーたちは、日本国内では他に類似の存在がいない特別な地位を占めていることになるという事情です。これは第一の理由と表裏の関係にあり、日本には日本政府は一つしかないので、大久保や西郷たちは、日本政府が統治している領域に住むほかの人たちに対して、大きな影響力を行使することができるのです。

こうした、日本とか、ドイツとか、アメリカ合衆国といった国家、とりわけそれが現在も存在している国家を単位として書かれる叙述は、「一国史」などとも呼ばれ最近では評判の悪いものです。先ほどの、征韓論政変について記述するためには、日本側の史料だけを見て書いてもよいし、日本と朝鮮の双方の史料を見て書いてもよい（付け加えれば、清の史料のなかにも、イギリスの史料のなかにも関係するものはあるでしょう)、ということを述べました。これに対して、征韓論政変のような、少なくとも東アジア全体の国際関係に影響を与える可能性のある事件については、関係する諸国の史料を用いて、日本を単位とした歴史叙述ではなく、東アジアの国際関係史のなかで書かれるべきだ、つまり、「一国史」では不十分だ、という批判が出る可能性があります。

†普遍志向と個別志向

しかし、ここで立ち止まって考えたいのは、第一章で触れた、近代歴史学の祖とされるランケのことです。ランケはまさしく、ドイツ、フランスといった一国、ないし「民族」を単位として、それぞれの政治家が何を考え、どのように行動したかを明らかにし、その連鎖によって生まれる歴史を書きました。つまり、ここまで分析してきた高橋秀直論文の叙述の特徴は、かなりの程度ランケの諸作品までさかのぼる特徴です。

第一章で触れたように、ランケは、それ以前の思想家たちが、人間というものは誰でも一定の性質を持っており、それゆえ人間の織りなす社会には普遍的な法則があるのだ、という考え方をしていたことに不満をもっていました。ランケは、このような人間の本質の普遍性や社会の法則性を前提としたために失敗したのがフランス革命であると考え、歴史のなかのさまざまな要素には、法則には還元できない個性があると考えました。時代によって、場所によって、人間は異なる行動をするし、そうした人間たちの織り成す社会にも個性があり、そこに優劣はないというわけです（「神の前においては人類のどの時代も、すべて平等の権利をもつ」、『世界史概観』）。ランケよりのちの時代のドイツの哲学者、ヴィルヘルム・ヴィンデルバントは、物理学のように法則の発見を目指す学問は「法則定立的」な学問であるのに対し、歴史学は一回限りの出来事を扱う「個性記述的」な学問であると主張して、歴史学はいつでも・どこでも当てはまるような法則を追い求める学問とは異なるタイプの学問なのだ、と定式化しています（『歴史と自然科学』）。

とはいえ、すべては個性だと言ってしまえば、最後は人間一人ひとりの個性によって引き起こされる出来事をバラバラに描写するほかなくなり、まとまりがつかなくなるでしょう。そこでランケは、ある時代の「個性」のまとまりを、国家や民族といった単位に設定し、そこに、単なる個人の個性を越えたまとまりをみました。「人間の本性はいつでもおなじ。だからどの時代・どの社会にも法則があるはず」という普遍志向の立場と、「すべてはバラバラ」という個別志向の立場のあいだで、国家・民族というまとまりを設定し、その単位で影響力を持つ人物、つまり王や貴族などの政治家に焦点を置くことで、そのまとまり単位での個性を記述しようとしたのです（マイネッケ『歴史主義の成立』）。

こうかんがえてみると、多数の事例を観察し、推論によって因果関係を発見しようという立場は、ランケが反発を感じていた普遍志向の立場、つまり「いつ・どこでも」当てはまる法則をみつけようとする立場の系譜をひいています（ただし、現在の政治学や経済学の因果推論は、いつでもどこでも当てはまる法則を目指すというよりは、集めた事例の範囲内で一般化できる法則を目指している点で、一九世紀の「法則定立的」な学問よりは穏健な立場をとっています）。一方、ランケはそのような法則の発見ではなく、あくまで個別の出来事についての個別の説明が必要だと考えていました。そうなると、個別といった場合の個別の単位が問題にならざるを得ず、そこに一つの国家の動向と、それを指導する政治家たちを記述する方針が採用されることになったのです。個別の事情の説明をやりたいと考えるならば細かく史料をよんでゆくことになります。史料に基づいて実際に起きたように歴史を書くというスタイルの歴史学が、一国史型の政治史として生まれてきたことにはそれなりの理由があるのです。

†まとまりについて考える

このように、「なぜ」に対して「西郷が（大久保が、岩倉が……）こう考えていたから」で答えるスタイルの歴史が可能になっている条件は、一国単位で影響力を持つ政治家を扱っていることにあります。そして、こういうスタイルの政治史を書く際には、どうしても、どういう「まとまり」で記述をするのかについて考えなければなりません。

ランケの選択は国や民族といったものだったわけですが、この選択自体が、ランケのおかれていた状況を強く反映しています。つまり、ドイツには単一の国家はなく、一方、フランスでは、「いつでも・どこでも」当てはまる社会の法則に基づいて政治体制を作ろうという革命が起こった時代に、ランケは歴史を書いたわけです。ランケは、フランスが「いつでも・どこでも」の思想にもとづいて革命体制をドイツに押し付けてきたと考えていましたから、ランケの個別的なものへの志向は、ドイツにはドイツの個性というものがあるのだ、という立場を背景にもっていました。

このように政治史研究が成立したそもそもの背景を考えてゆくならば、単に一国史なんて、このグローバル化の時代に古くさいから、という理由だけでランケ型の政治史を切り捨ててしまうのでは不十分だということがみえてきます。「誰々がこう考えたから」型の政治史は、どうしても「その人が持つ影響力はどのような地理的なまとまりをもっていたか」によって規定されることになります。

　そうすると、例えば西郷が自分の考えによって直接に影響を及ぼすことができる範囲は、やはり、当時の日本政府が統治していた範囲であり、一国というまとまりにはそれなりに意味があると言わざるを得ません。

　もちろん征韓論政変の歴史を書く際に、東アジアというまとまりを設定して議論することもできます。しかし、すくなくとも「誰々はこう考えたから」型の政治史として東アジア単位の歴史を書く場合、まずは日本、朝鮮、清などの各国の政府は、自国の国内事情をどのようにみており、またそれぞれ相手国の政府の考えをどのようにみていたか、それは一致していたか一致していなかったのか、それらがどのように相互に作用して東アジアというまとまりでの変化を引き起こしていったのかという形で書かれるほかないでしょう。なぜなら、「東アジア政府」が存在したわけではないので、残されているのはそれぞれの政府がやりとりした史料や、それぞれの政府内の史料、あるいは政治家の史料であるほかないからです。つまり、歴史家が一方的に「一国史なんて古い」と言ってみたところで、史料そのものが一国史的に残っている以上、まずは史料のまとまりに即して議論を組み立て、次にその相互関係を論じるという手順を踏むほかありません。

歴史を書く際の「まとまり」は、歴史家が勝手に設定できるわけではないのです。「東経一三〇度から東経一四〇度、北緯三〇度から北緯四〇度のあいだの二〇世紀の歴史」を書こうとしても書けない、ということを考えてみればこのことは明らかでしょう。

第四章

論文はどのように組み立てられているか（2）

――経済史の論文の例

1　マルクス主義的経済史

第四章では、経済史の論文の一例として、石井寛治「座繰《ざぐり》製糸業の発展過程――日本産業革命の一断面」（『社会経済史学』二八―六、一九六三年）を取り上げてみましょう。著者石井寛治（一九三八～）は、東京大学経済学部を卒業し、ながくその教員もつとめた研究者で、「経済学部の経済史研究者」に属します。石井の研究は幕末維新期の金融や貿易、日本の産業革命など広い範囲にわたりますが、とりわけ、一九七二年に刊行された『日本蚕糸業史分析』は、一九六〇年代から七〇年代にかけて、多くの研究者によってさかんに取り組まれた日本産業革命史研究を代表する業績の一つとされ、現在なお蚕糸業（カイコガを育てて繭をつくらせ、そこから絹の糸＝生糸を生産する産業）の研究においては重要先行研究の位置を占めています。また、本書は単に蚕糸業の研究にとどまらず、日本の産業革命について蚕糸業を通じて論じたという性格を持つため、日本近代経済史研究者であれば（日本近代史研究者であれば、ぐらいまで範囲を広げてもいいかもしれません）おそらく一度は目を通すであろうほどに大きな影響力を持っています。

ここでとりあげる「座繰製糸業の発展過程」という論文は、のちに『日本蚕糸業史分析』に結実する一連の研究の一部として発表されたもので、発表から九年後に修正・分解されて同書のなかに組み込まれています。

石井の研究は、マルクス経済学をベースとした日本経済史です。これは一九五〇年代から七〇年代にかけては日本経済史研究の標準的な方法でした。経済学部の経済史研究は、多かれ少なかれ経済学との関連を意識しながらおこなわれますが、経済学といってもいろいろな経済学があるので、研究者によって意識される経済学の種類が違います。戦後日本においては、マルクス経済学との関係で経済史を記述する方法が長く標準的でした。これは戦後日本社会のなかのマルクス主義の位置づけともかかわっていますが、それだけではなく、そもそもマルクスの著作自体が、ある部分では歴史を語るという体裁で書かれているため、歴史に適用しやすいという側面があったことも重要です。これらの点については、詳しくは第六章でふれることにしたいと思いますが、その中心的なトピックの一つに、資本主義的な経済の仕組み（資本制生産様式）がどのように生まれてきたかという議論がありました。

ここで資本主義というのは、単にモノを売ったり買ったりすることが広く行われている

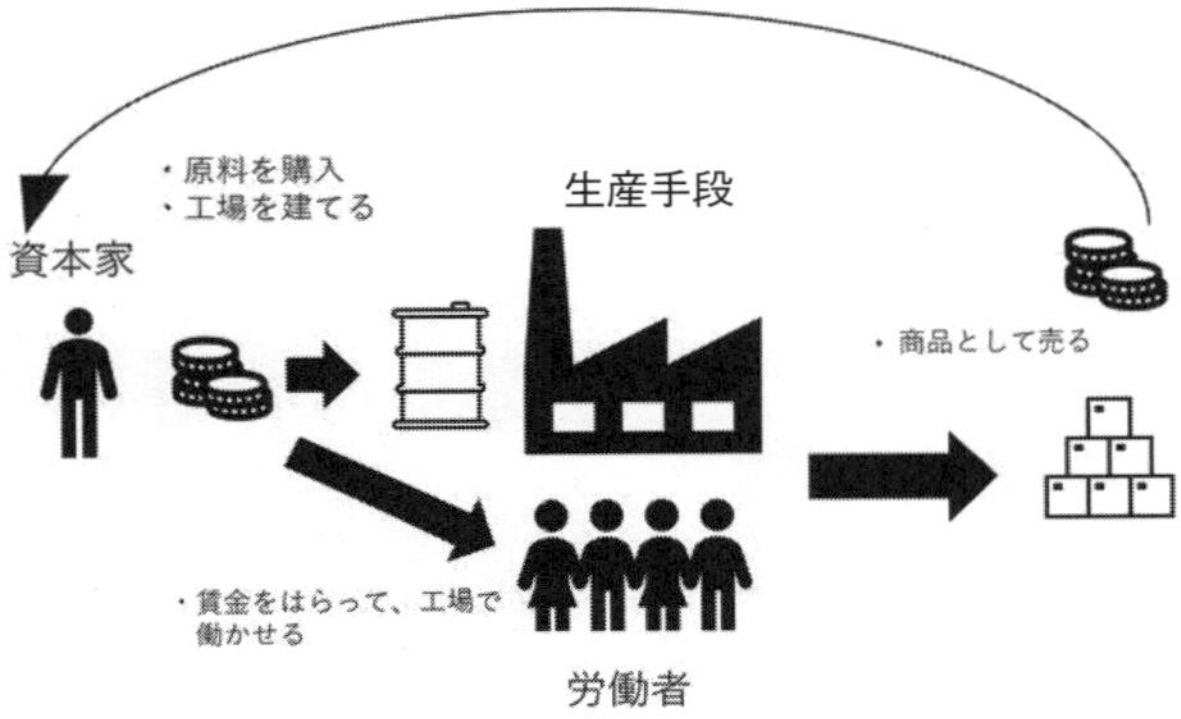

資本主義的経済の仕組み

社会というだけではなく、もう少し厳密な意味あいをもっています。それは、資本家が資本を投じて、機械、工場、原料などの、生産に必要なモノ＝生産手段をそろえ、一方、自分たち自身では生産手段を所有しない労働者が資本家に雇われて、資本家が準備した生産手段を使って、商品を生産するという関係（資本—賃労働関係）が成立する、ということです。

つまり、職人が自分の道具を使って、自分の作業場でコツコツと何かをつくって売っているわけではなく、資本家が、彼の持つ資本で工場や設備や原料をそろえ、賃金を払って労働者を働かせるようになると、社会のあり方が大きく変わるという点に、マルクス主義的歴史学は注目していたのです。

石井論文の主題は、明治期日本の製糸業のなかで、座繰製糸と呼ばれる生産の形態が、資本家が工場で労働者に生産させているような形態を含んでいたのか、それとも座繰はあくまで「コツコツ作っている型」なのか、という点にあります。

マルクス主義的経済理論は、ランケ史学のような、個別のものを個別に説明するという歴史研究ではありません。およそ資本主義経済であればこのような現象が起きるとか、より広く言えば、世界史はおおよそいくつかの段階を踏んで発展する、といったような、「いつでも・どこでも」当てはまる知識を追求するタイプの議論です。

しかし、石井論文それ自体は、データを集めてきて、そこから「いつでも・どこでも」当てはまる法則を発見したり検証しようとしたりするタイプの研究ではありません。言い換えれば、石井はここで何か法則を打ち立てようという作業はしていません。石井を含むマルクス主義的歴史学者にとっては、大まかな法則それ自体はマルクスによってすでに明らかにされているものとして前提にされていました（ただし、注意しておきたいのは、学問的な方法としてマルクス主義的理解をとるからといって、その研究者が政治的にもマルクス主義的な信条を持っているとは限らないことです。石井はあくまで学問的な方法としてのマルクス主義的理解の枠組みを用いているというにすぎません）。

こうした方法は、上で述べたような、「産業資本」や「賃金労働者」というようなマルクス経済学の概念を前提にして、それを歴史的な出来事に無理やりあてはめるようなものであるとして、今日では大変評判の悪いものです。しかし、マルクス主義的歴史学の成果のなかには今日でも参照され続けているものはたくさんありますし、石井の仕事もその一つです。そこで、この章では、マルクス主義的歴史叙述であるということを念頭に置きつつ、さしあたり石井がこの論文で何をどのような仕方で説明しているのかを紹介してみたいと思います。

2 経済史の叙述――石井寛治「座繰製糸業の発展過程」

†製糸業とその技術

石井論文の紹介に入る前に、前提知識として、製糸業とはどのような産業か、また「座《ざ》繰《ぐり》製糸」とはどのような生産形態かを説明しておきましょう。

製糸業とは、繭から絹の糸を作る産業です。そのためには原料となる繭が必要ですが、繭を生産するのが養蚕業です。両者を総称して蚕糸業ともいいます。

養蚕業は、カイコガの幼虫（蚕）に、桑の葉を与えて育て、蛹にして繭を作らせる仕事です。エサとなる桑の栽培を含めて、農家の副業としておこなわれるのが一般的です。

養蚕農家は、繭を製糸業者（製糸家）に売却します。製糸家の作業場では、繭を煮て、数粒の繭から繊維の先を取り出し、一本の糸にして枠で巻き取る作業がおこなわれます。江戸時代の末から明治期に広くおこなわれていた生産方式が「座繰製糸」と呼ばれるもので、糸を繭から取り出す人が、自分で枠を手動で回転させながら糸を巻き取ってゆく方式です。これに対して、明治中期以降、蒸気機関などをもちいて自動で多数の枠を一斉に回転させる工場が一般化します。これが「器械製糸」と呼ばれるものです。また、糸を巻き取った枠を集めて、さらに大きな枠に巻きなおし、商品として仕上げる作業を「揚げ返し」といいます。

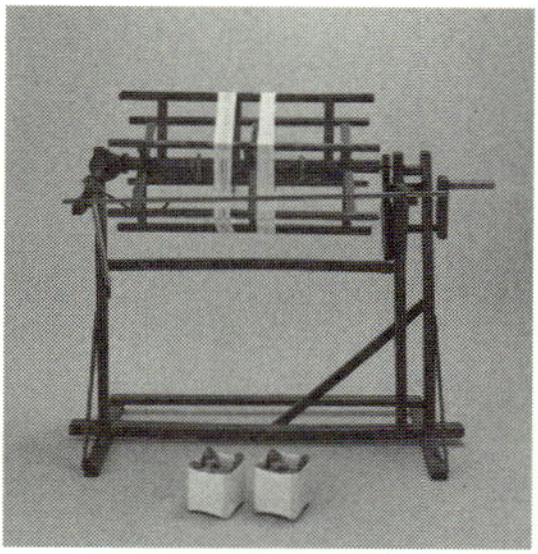

家内工業用の揚げ返し機
農林水産省 HP より

石井論文の主題は、座繰製糸の生産者のなかに、工場と呼ぶに値するもの、つまり資本主義的な生産形態と呼べるものがあるのかどうかという点であることは先ほど述べましたが、工場制ではない生産形態として論文のなかで用いられている語が「賃挽《ちんびき》」です。賃挽とは、糸を取る（糸を挽く）人間が、工場に集まって作業するのではなく、どこかの市場から繭を仕入れてきた人物から繭を受け取り、自宅で糸を挽いて、その糸を納品するのと引き換えに工賃を受け取る生産形態です。

†石井論文の構成と内容

以上を踏まえて、石井論文の目次を次に掲げます。

一、対象と方法
二、改良座繰の実体
三、明治前期の天原社
（1）天原社設立の前提
（2）天原社の設立
（3）一八八〇年代の天原社
四、明治後期の天原社

（1）前橋市製糸業の変遷
（2）一八九〇～一九〇六年の天原社
（3）天原社の閉鎖
五、全国的展望

「はじめに」や「おわりに」「結論」がありませんが、「一、対象と方法」が「はじめに」に相当し、「五、全国的展望」の最後の部分に、結論にあたることが書かれています。二は、座繰製糸のなかで、当時「改良座繰」と呼ばれていたものが何であるのかの技術史的な検討にあてられています。三と四が分析の中心部分です。ここでは、「改良座繰」経営の一つの例として、群馬県前橋の江原芳平という人物が設立した「天原社」という組織を取り上げ、江原家・天原社の経営を分析しています。用いられている史料の主たるものは江原家に残された史料です。最後の五では、政府が作成した統計や調査から、江原家＝天原社に「似たもの」がどのくらいありそうかということが検討されています。

この論文でも、「一、対象と方法」で、石井は先行研究を批判し、論文の課題を設定しています。石井より以前の研究では、官庁統計に、座繰製糸を営む会社として、数百から千という「釜数」、つまり繭を煮る釜を有している会社がみられることを根拠に、座繰製糸を営む会社のなかにも、これだけの「釜数」に対応するだけの労働者を工場に集めて製糸をおこなっているものがあったのだ、ということが主張されていました。人力手回しの座繰製糸でも、労働者は作業場に集中して働いていたのだ、という理解です。これらの先行研究に対し、石井は次のように述べます（傍線は松沢による）。

従来の座繰製糸業に関する見解は、いずれも官庁統計に基づくものであり、座繰の「大工場」なるものの実体は、具体的には全く明らかにされていない。しかも依拠した統計に対する史料批判は極めて不充分であって、史料をもって直ちに史実とみなすが如き粗雑さが見られるのである。又、従来の諸研究に共通した欠点は、一定の生産関係を検出するばあい、その基礎をなす生産力の検討を怠っている点であって、生産力論ぬきの生産関係論が展開されてきているように思えるのである。

ポイントは三つです。一つ目は、座繰の「大工場」といってもその具体的なあり方が検討されてはいないということです。ただ、統計表をみてその数字から「大工場」があった、と主張しているに過ぎないと批判しているわけです。二つ目は、統計に対する「史料批判」が不十分で、統計に記載されている数字が、何を示している数字なのかを検討していない、という点です。

そして三つ目が、従来の研究は「生産力論ぬきの生産関係論」だという指摘です。これはマルクス経済学特有の術語なので少々説明が必要でしょう。「生産力」とは、ある工場なり産業なり、あるいは社会全体なりが、どれだけのモノを作り出す力があるか、ということで、その力は機械などの「生産用具」と人間の労働の組み合わせによって決まるとされます。したがって、「生産用具」の能力が上がれば、生産力は向上します。一方、生産関係というのは、生産に関与する人間たちの関係のことです。とりわけ、生産用具や原料（先の図の「生産手段」です）を誰がどのように所有しているのかに注目して、人間たちをグループ分けして、そのグループ間の関係をとらえようとします。このようにグループ分けされた人間の集団が、いわゆる「階級」です。先の資本主義の図でいえば、資本家と労働者の関係、「資本—賃労働関係」が、生産関係ということになります。

マルクス主義的歴史学で生産力と生産関係が重視されるのは、生産力が一定以上に上昇すると、それまでの生産関係が生産力の発展にとって障害となり、古い生産関係を壊すような社会変動が起こると考えられてきたからです（マルクス、エンゲルス『共産党宣言』）。つまり、ある時代の生産力と生産関係には対応関係がある、とマルクス主義歴史学では考えるわけです。したがって、石井がここで「生産力論ぬきの生産関係論」という表現で批判しているのは、座繰の「大工場」が存在すると述べる先行研究は、生産関係論に即して言えば、座繰製糸には資本―賃労働関係が発生していると述べていることになるが、座繰製糸はそれにふさわしい生産力の水準を持っているのかどうかを検討していない、という意味であることがわかるでしょう。

さて、ここで石井の先行研究批判の語気は強く、先行研究の全面否定に近いのですが、実際のところ、ここで石井が述べていることはここだけ読んでも納得はできません。実際に座繰製糸経営を調べてみたら、大工場が存在していることがわかり、統計を読み直してみても特に不備は見つからず、座繰製糸の生産力水準であっても、資本―賃労働関係が成立していたら、「先行研究の言っている通りでした、ごめんなさい」というほかないからです。そして結論が「ごめんなさい」では論文にならないはずです。したがって、この部分を読んだ読者が実際に知ることができるのは、石井は、研究の結果、先行研究が誤っていることを確認しており、その上でこの文章を書いているのだ（少なくとも石井はそのことを確信している）ということです。つまり、この語気の強い先行研究批判がこの場所で実際に果たしている役割は、「自分の研究によれば、これまでの先行研究は三つの点で大きな誤りを犯していたことがわかった。これからそれを説明する」という宣言なのです。これから論文を読み進めてゆく読者にとって、この宣言は、そうした論旨にそって論文を読んでいけばよいのだというガイダンスの役割を果たしており、読者は、「それならば、その説明とやらを聞いてやろうではないか」という構えで本論を読んでゆくことになります。

　そのようなわけで、以下、石井による説明を紹介してみます。「二、改良座繰の実体」では、そもそも、当時「改良座繰」とよばれていた生産形態の「改良」とはどのような意味であったのかを、博覧会の報告書などで確認しています。その結果、石井は、「改良」の核心は、糸を小枠から大枠に巻き取る装置改良、すなわち揚げ返し工程の改良にあったことを明らかにしています。この装置の改良によって、これまでよりも多量の糸を揚げ返すことが可能になり、出荷される際の糸の品質向上と出荷の効率化が果たされます。「改良座繰」の「改良」が、揚げ返し工程の改良だ、ということは、裏を返せば、繭から糸を取る装置（「座繰機」）の改良は行われていない、ということです。そこから、石井は「改良座繰」は「基本行程《（ママ）》を大規模の集中作業たらしめる契機とはなりえなかったといわなければならない」と述べます。「改良座繰」形態の生産は、糸をとる作業自体は小生産者が個別分散的におこない、小枠に巻き取られた糸を改良揚げ返し機のある場所に持ってくるだけでよいのであって、「改良座繰」だからといって工場の形態をとる必要はない、ということを指摘しています。

三と四では、江原家と、江原家が一八七九年に設立した改良座繰会社である天原社の経営が分析されています。当初江原家は、①市場から糸を買い入れる、②繭を賃挽に出して糸をつくらせる、という二つの手段によって、糸を入手し、それを輸出港である横浜に持ち込んで売る、という商売をしていました。このうち、大きな利益をもたらしていたのは、賃挽による糸の方でした。賃挽人たちは農家の副業として賃挽を営んでいるものや、都市の零細な小経営であり、それぞれ自宅で糸を生産して江原家ないし天原社に製品を納入する関係にありました。

一八七九年に江原家は、親族からの出資を募って天原社を設立し、改良揚げ返し機を据え付けて、糸の共同揚げ返しを始めます。相変わらず賃挽人たちはそれぞれ自宅で分散的に生産しているのであり、どこかに工場があるわけではありません。この時期、江原家＝天原社は糸を市場から買い入れることをやめ、もっぱら賃挽糸を横浜で売りさばくようになり、利益をあげます。ところが、一八九〇年代をピークに糸取引量は減少してゆき、一九〇六年に天原社は閉鎖されます。この時期の天原社は、賃挽人に渡す繭の仕入れ先を、これまでより広い地域でおこなうようになっていました。この背景には、器械製糸経営の増加によって、繭の購入をめぐる競争が激化したことがありました。繭価格の上昇は原料コストの上昇を意味しますから、その分天原社の収益は減少します。この繭価格上昇が、江原家が天原社を閉鎖する要因であった、と石井は主張します。

以上の分析をもって、石井は、「座繰の「大工場」とされている天原社が、……（中略）……零細な副業的小経営を問屋制的に支配する商人資本であり、その釜数は賃挽人の釜数の合計にすぎないことが明らかになった」と述べます。そこで、他にも「座繰の「大工場」とされている」もののなかに、天原社同様、賃挽人の釜数の合計に過ぎないものがあるのかどうかを検証するのが「五、全国的展望」です。ここで石井は、群馬県、福島県、埼玉県の報告書などを用いて、統計に表れる「釜数」が、共同揚げ返し所のもとに組織された賃挽の釜数の合計に過ぎないことを明らかにし、他の諸県についても同様であろう、というわけ判断を下しています。つまり、座繰の「大工場」など存在しなかった、というわけです。

†先行研究批判はどのようになされているか

さて、石井は先行研究に対して三つの批判ポイントを設定したのでした。第一のポイントは、「座繰の「大工場」なるものの実体は、具体的には全く明らかにされていない」ということでしたが、石井は天原社の経営の様相を経営帳簿を用いることによって明らかにし、天原社は大工場ではない、という結論を出しました。

第二のポイントは、「統計に対する史料批判は極めて不充分」だということでした。これに対しては、天原社に関しては、統計にのっている釜数とは賃挽人の釜数の合計であって、一つの作業場に集中している釜数ではないことを明らかにしたうえで、他の経営についても、統計の数値と、報告書の記述とを組み合わせることによって、天原社同様、賃挽人の釜数の合計を記載していることを明らかにしています。

第三の「生産力論ぬきの生産関係論が展開されている」についてはどうでしょうか。石井は、統計から、器械製糸と座繰製糸の一釜あたりの生産糸量を計算しています。そうすると、器械製糸の場合、規模が大きくなる（釜数が多くなる）ほど一釜あたりの生産量が増えるのに対して、座繰の場合は逆に、釜数が大きい経営ほど一釜当りの生産量が少ないことが明らかになります。器械製糸では作業を工場に集中させることによって作業の効率化が実現されているのに対して、座繰の場合は釜数が多いといっても、それは多数の賃挽人がバラバラに自宅で糸を生産しているだけなので、効率があがるわけではないというわけです。つまり、両者の生産力（一釜あたりの生産量）には格差があるのです。そして、器械製糸工場が増えてきた明治後期に繭の需要増大によって繭価格が高騰し、それが原因で天原社が閉鎖されてしまうということは、器械製糸工場は原料コスト上昇に耐えられたが、天原社はそれに耐えられなかった、ということを意味しています。座繰製糸は、資本—賃労働関係にもとづく器械製糸よりも低い生産力水準しか持っていなかった、と石井は主張しているわけです。

器械製糸工場の数が少ないか、あるいは器械製糸工場の生産力水準がそれほど高くなかった明治後期までは、器械製糸と座繰製糸は互角に競争できていたが、器械製糸工場が質量ともに充実してくる明治末期には、座繰製糸は器械製糸との競争に敗れてゆく方向にあった、ということを石井は述べていることになります。

こうして、石井論文は先行研究批判の三つのポイントをクリアし、研究史を画する論文となることができたのでした。

†石井論文の叙述の特徴

石井論文と、第三章でみた高橋論文を比較してみると、第一の違いとして挙げられるのは、石井論文は高橋論文ほど厳密に時系列順に描かれてはいないということです。石井論文の「三、明治前期の天原社」、「四、明治後期の天原社」はそれぞれが約一〇〜一五年間の単位で括られていますが、そのなかでの説明の順番は、時系列でなされるわけではありません。では、どのような順番で説明されているかというと、糸を調達して、それを販売し、結果としてもうけはどうなっているのか、という順番です。つまり、一定の幅を持った期間を通じて、市場から糸を仕入れる場合、どこで、どのくらいの量の糸を買っていたか、賃挽に出す場合、原料の繭はどこでどのくらい買っていたか、賃挽の製造工程はどのようなものだったか、糸の販路はどこだったか、経営収支はどうなっていたか、といった経営の各局面が、経営帳簿をもとにしながら順に説明されています。

その際、表が大量に示されているのがこの論文の特徴です。これは経済史の論文の一般的な特徴でもあります。上に述べたような、経営の局面ごとに何枚かの表が示されて、石井によるその読み取りが本文に書かれるのです。

生糸1個（9貫）当り収支

年　　次		繭　価	諸入費	挽　賃	支出計	売上金	利　益
1876	M 9	223円		31	254	467	＋213
77	10	289	9	24	322	283	－ 39
83	16	359	56	50	465	414	－ 51
86	19	358	34	26	418	370	－ 48
87	20	280	37	20	336	329	－ 7

一例として、「三、明治前期の天原社（1）天原社設立の前提」に掲載されている表5－Ⅱ「生糸1個（9貫）当り収支」を見てみましょう。

これは、天原社の設立以前の江原家の賃挽糸取引について、取引一単位あたりのコスト（繭価、諸入費［雑費］、挽賃［賃挽人に支払われる工賃］）と、売上金を比較して、その差額、つまり利益がどのくらい出ているのかを計算し、その年ごとの変化を提示している表です。石井はこの数字を「各年各地域別生糸繭勘定帳より集計算出」したと注記しています。江原家の史料のなかには、年ごと、繭の仕入れ地ごとに作成された帳簿があり、それを石井が合計して出したのがこの数値ということです。つまり単に一冊の簿冊の数値をそのまま表にしたというわけではありません。表の年次が毎年ではなく飛び飛びなのは、この作業を行うことができる帳簿が残っていた年が、この五年分に限られていたことを示しています。

総じて、江戸時代や明治時代の商家や地主、金融業者は（それ以降も多く存在する中小の企業では）、和紙を横長に綴じた帳簿に、縦書きで、漢数字を用い、筆と墨で記された帳簿を作成していました。これは書類や書簡のような文章形式の史料とは違い、その全文を論文中に引用して提示することは不可能です（帳簿の書式を示すために、一部をサンプルとして引用・提示することはあります）。そのため、論文の書き手は、そこで何を明らかにしたいのかに応じて、帳簿に書かれた数値を表にまとめ、この表から読み取れることを述べるというスタイルで論文を書くのです。

この表に対する石井の読み取りは、「賃挽糸損益は、第五表（Ⅱ）から分るように、繭価と糸価によって規定される」「第五表（Ⅱ）によって、糸価がいかに高くても、低繭価と結びつかぬ限り、利益をあげえない点を知ることができよう」（傍線は松沢）というものです。表の数字を具体的に見てみると、二一三円の利益を上げている一八七六（明治九）年は、繭の仕入れ価格が（雑費込みで）二二三円、売上が四六七円です。これに対して、五一円の損失を出している一八八三（明治一六）年は、売上は四一四円で、他の年に比べてそれほど悪くないのに対し、原料の繭価が三五九円と高いために、損失額が大きくなってしまっています。これによって、石井は、天原社は、商品である糸が高い値段で売れたとしても、繭の価格も高ければ利益を出すことができない状況に置かれていた、ということを述べているのです。そして、石井は「分るように」「知ることができよう」という現在時制の表現をつかっています。つまり、江原家の帳簿を表にまとめると、このようなことがわかる、と、現在の人間である著者が、現在の読者に結果を報告するという体裁をとっているのです。これは第二章で見た、文字史料の引用と敷衍と同じ形式です。帳簿や統計のような数字で記された情報を表にまとめた場合も、文字史料の敷衍と同じような説明の仕方、つまり、著者と読者が、著者の分析の結果を共有しつつ議論を先に進めるという叙述のスタイルがとられるのです。

†「なぜ」に対する答え方

このような先行研究の批判の仕方や、叙述のスタイルを考えると、石井の知りたいことは、天原社の経営がどのような性格のものなのかということであると言えるでしょう。さて、そうした石井の「知りたいこと」との関係で、この論文では「なぜ」という問いにはどのような答え方がされているでしょうか。

一例として、天原社の閉鎖の理由を問うている個所を見てみましょう。石井はこの問いを「天原社が閉鎖されたのは、いかなる事情に基づくのであろうか」と述べていますが、そのすぐあとで、石井は「なぜ」という形に問いを変形しています（傍線は松沢による）。

江原家での聞取りによれば、芳平が当時かなり年をとった上、息子が余り商売を好まなかったので、思い切って閉鎖したそうであるが、しかし芳平は当時六〇才であってまだまだ活動しうる年であり、事実その後も金融界で盛んに活動しているのであるから、何故この時点で製糸業から手を引いたかを充分に説明することはできない。無論現実には、かかる主体的条件が最後の決定をなすのであって、その点を無視してよいというのではないが、われわれとしては、江原をしてかく行動せしめた客観的条件とは何であったかを更に究明しなければならない。

石井は江原家で聞き取りをおこない、そこから当主である江原芳平が、年齢と息子の商売への関心のなさを動機として「思い切って」天原社を閉鎖したのだ、という情報を得ています。つまり、江原芳平はもう商売をやめようと思ったからという説明です。しかし、「何故この時点で製糸業から手を引いたか」という問いに対する、江原芳平がやめたいと思ったから、という答えに、著者である石井は納得していません。年齢といっても芳平はまだ六〇才であり、実際その後金融業では活躍している、という理由も挙げてはいますが、芳平の意志は「主体的条件」であって、芳平に商売をやめたいと思わせた「客観的条件」とは何であったかがより重要だ、というのです。たしかに、ある一つの会社が（経営破綻したわけでもないのに）閉鎖されているのですから、経営者が最終的に「やめようと思った」ことは間違いありません。これが、石井の言う「無論現実には、かかる主体的条件が最後の決定をなす」という文章の意味です。

しかし、石井の知りたいことはそういうことではないのです。石井は、天原社の経営の分析をしているのですから、天原社が閉鎖したときに直面していた経営上の問題に関心があるのです。さらにいえば、石井にとっては会社の閉鎖それ自体が重要なわけではなく、会社が閉鎖に追い込まれるような経営の状況や、それをとりまく産業の構造などを「なぜこの会社は閉鎖されたのか」を通じて解明したいのです。これが石井のいう「客観的条件」です。このように読み解くと、石井のいう「主体的条件」とは、「江原芳平という人の考えに即したらどうだったのか」というような意味で、「客観的条件」とは、「芳平がどう思っていたかはさておき、傍からみたら天原社の経営はどうだったのか」というような意味であることがわかります。

この部分に続いて、石井は天原社が直面した可能性のあるいくつかの問題を検討します。第一に、損益の変動が大き過ぎたのではないか、という説明です。しかし、損益変動の大きさは、明治前期から一貫しており、この時点で天原社が閉鎖された理由にはならない、と石井は述べます。第二に、座繰によって製造された生糸が輸出不振に陥った、という説明です。しかし石井は、長期的にみれば座繰糸の輸出は振るわなくなってゆくものの、この時点ではまだ輸出は好調であった、として否定します。そして、第三の説明として、繭の購入が困難となっていたことをあげ、これを天原社の閉鎖をもたらした主要な原因であると主張します。石井はこれに先立つ分析によって、天原社の繭購入地域が広域化していることを明らかにしています。そして、原料繭が高価であれば、賃挽に出したとしても大した利益が出ないことも明らかにしています。以上を踏まえると、繭購入地域の広域化の背景にある繭購入競争の激化は、繭価格の上昇によって天原社の経営を圧迫します。つまり、石井は、なぜ天原社は閉鎖されたのかという問いに対して、繭の購入が困難になり、繭購入のコストが高くつくようになったから、という答えを出しているわけです。

この石井の答えの出し方には、興味深い点がいくつかあります。

一つは、石井の結論が、断定的なものではない、という点です。ここで石井が実際に書いている文章は、「私は、江原が天原社を閉鎖する契機となった最も重要な客観的条件の変化は、購繭の困難化ということであると考えたい」（傍点は石井によるもの、傍線は松沢によるもの）というものです。「私……考えたい」という書きぶりからは、「間違いなくこれが原因である」と断定しているわけではないことが読み取れます。ありうる可能性を消去したうえで、石井が分析した限りでは、当時の天原社が直面していたもっとも重大な問題は、原料繭の購入が困難になっていたことだったという記述の仕方になっています。このような抑え気味の結論になる背景には、残された史料から、天原社の経営状況が隅から隅までわかるわけではない、という事情があります。

もう一つ、この石井の答えの出し方では、さきほども見たように「江原芳平本人がどう思っていたか」は「知ったことではない」という扱いをされていることです。前の章でみた、高橋秀直論文では、「西郷隆盛がこう考えていたから」は「なぜ」に対する答えたり得ていました。振り返っておけば、政治史が国家単位で書かれること、そして西郷隆盛は国家単位で影響力を及ぼしうる人物であること、煎じ詰めて言えば「西郷隆盛は日本の偉い人であること」が前提になっているので、このような「西郷隆盛はこう考えていたから」が答えになるのでした。

それと比較すると、江原芳平は西郷隆盛とは異なった立場に置かれています。西郷隆盛は、日本に一つしかない日本政府で政府中枢のポストを占めている人物です。一方、江原芳平は、あちこちに存在する改良座繰会社の経営者の一人、つまり一例に過ぎません。改良座繰会社の経営者として江原芳平を取り扱う限り、その点で似たような人物はあちこちにいます。

それでは、江原芳平と天原社の研究は、西郷隆盛の研究に比べて重要性の低い研究なのでしょうか。石井寛治は決してそうは考えていないでしょう。

直接的な理由としては石井がマルクス主義的歴史理解を前提にしていることを考える必要があります。一般的にマルクス主義的歴史理解では、経済的な要因が重視され、政治や法律、思想といった領域は、経済的な要因によって影響を受ける対象として考えられます。経済を「土台」、政治や法律などを「上部構造」と呼ぶこともありました。石井論文に即していえば、江原芳平の意思は「上部構造」に属しており、経済的な状況、すなわち「土台」のほうが江原の意識を決定するのだ、というわけです。

とはいえ、マルクス主義的な前提を抜いたとしても、経済史の論文で、「経営者がやる気を失ったので、この会社はつぶれました」という説明をしたら、それは不十分なものとみなされるでしょう。先ほども触れた通り、こうした分析において研究者が知りたいのは、ある会社がどのような経営の構造を持っていたのか、その会社の経営状態は会社を取り巻くどのような経済環境を反映していたのか、ということです。そうだとすれば、「なぜこの会社は閉鎖されたのか」という問いに対しても、経営の分析を通じて答えようとするのは自然なことです（経営状態が良好なのにもかかわらず閉鎖された会社があったとしたら、その場合は逆に「経営者が突然やる気を失った」が、「それぐらいしか理由は見当たらないので」という形で、理由としてあげられることになるはずです）。

こうした経済史の研究では、うまくデータが揃うならば、第三章の最初でみたような因果推論の方法を用いることも可能です。「繭の購入に困難を抱えている座繰製糸会社」と、「繭の購入に困難を抱えていない座繰製糸会社」の事例を集めてきて、「繭の購入の困難さ」と、「会社が閉鎖される時期」に関係があるのかないのかを統計的に分析するという研究です。

それでは、天原社という一つの会社の分析しかしていない石井論文では、「なぜ座繰製糸会社はこの時期困難に直面したのか」という問いには全く答えられていないのでしょうか。天原社は一例にすぎず、他の座繰製糸会社では全く別のことが起きている可能性がある、と指摘されたらどうするのでしょうか。「他ではどうなんですか？」という質問に対して、石井はどのように答えるのでしょうか。

石井はすでに論文のなかで、全国統計の再検討を通じて、他にも天原社同様の会社が多くあることを明らかにすることで、部分的にはこの質問に答えています。ただ、これによってわかるのは「似たようなものがある」ということだけで、似たような経営上の困難に直面していたかどうかはわかりません。

こう考えてみると、江原芳平と天原社は、一例でしかないがゆえに、「江原芳平がやめたいと思ったから」という説明では、論文として意味をなさないのだということがわかってきます。それこそ、他の座繰製糸会社の経営者たちが何を考えていたのかなどということは人それぞれであって、それを理由にするならば、他の会社とはまったく関係のないことを言っていることになります。

一方、天原社が繭の困難に直面していた、という説明は、天原社だけにかかわる説明ではなく、天原社が参加していた繭の市場、あるいは生糸の市場についての説明にもなっています。このような、市場に参加しているプレイヤーの一つとして、取り上げている事例を検討するという研究対象の扱い方は、経済史研究が個別の事例を扱う際の基本的な構えであり、一つの事例の分析でも意味のある分析となる条件です。

というのも、ある経営（ここでは天原社）を、ある市場（ここでは一九世紀末から二〇世紀初頭の日本における繭市場）のプレイヤーとして扱えば、他の経営も、同じ市場のプレイヤーとしてみることができるからです。同じ市場の参加者であるということは、その経営を取り巻く環境も似ているということですから、天原社と「似たような」他の経営が、天原社と全く異なる条件に置かれていたと考える必要はなく、天原社の直面した問題は多かれ少なかれ「似たような」経営に共通した問題であったと考えることができるわけです。そして、市場のプレイヤーはそれぞれ利益を出すことを目標にして行動していると考えられますから、似たような市場の条件のもとに置かれた経営は、だいたい似たような行動をとることになり、その行動の結果が新たな市場のあり方を生み出してゆく（例えば、座繰製糸会社はだんだん器械製糸会社との競争に敗れ、市場から出てゆく、など）と想定することが可能です。

さらに言えば、仮に、天原社とは異なる条件、たとえば繭をもっと容易に手に入れることができる環境にある会社があったとしても、それで天原社の経営の分析が無駄になるわけではありません。天原社の経営の分析を通じて明らかにされた繭市場の動向を踏まえて、それではその会社はなぜ容易に繭を購入することができたのか、という問いを新たに立てて、研究をより先に進めることができるわけです。

高橋秀直論文が国家という存在を前提にしているがゆえに、国家的指導者の意思に「なぜ」に対する答えを帰着させていたのと対比すれば、石井寛治論文は、市場という存在を前提にしているがゆえに、経営者の意思ではなく、経営の市場に対する対応の仕方に「なぜ」に対する答えを帰着させている、ということになるでしょう。

しかし、ここでも、高橋論文同様、市場というときの「意味のあるまとまり」はどの範囲かということは考えておかなければなりません。石井論文で扱われている市場の範囲は、北関東一帯の養蚕が盛んな地域です。この当時、繭は保存期間の短さのため、それほど長距離を輸送できる商品ではありませんでした。また養蚕業を営んでいる地域も、東北から中部地方に集中していました。したがって、日本一国の統合された繭市場が存在するわけではありません。

一方、商品である生糸のほうは、日本一国をはるかに超えた国際商品です。この論文の範囲内では、座繰製糸の輸出の状況は基本的には変わらなかったとされているので正面に出てきていませんが、『日本蚕糸業史分析』という一冊の本にまとめられた段階では、日本の輸出商品である生糸の生産が、国際市場の需要にどのように応え、国際市場のなかでどのような位置づけを与えられていたか、ということが主要なトピックの一つとなっています。こうした議論をする場合には、市場に参加するプレイヤーとして日本国内の座繰製糸家と器械製糸家だけを見ているのでは不十分で、中国、フランス、イタリアなどの製糸家たちのことも視野に入れなければなりません。

また、政治史が国家を、経済史が市場を前提にして叙述を進めるというのは、とりわけ国家と市場がはっきり分離している、いわゆる近代社会に適合的な叙述のスタイルだということも指摘しておかなくてはなりません。たとえば江戸時代の日本では、政治の担い手である領主は、年貢として集めた米を市場で売却して収入を得ており、米市場における米の最大の売り手でした。このような前近代を対象とした歴史研究では、政治史でも経済史でもない歴史叙述のスタイルがさまざまに模索されることになるのです。

第五章

論文はどのように組み立てられているか(3)

——社会史の論文の例

1　社会史のなかの運動史

本章では、論文の書かれ方の例の三つ目として社会史と呼ばれている分野の論文をとりあげます。

ただし、社会史という分野は、名称からして漠然としています。常識的な言葉の使い方として、政治史的とされるトピックも、経済史的とされるトピックも、社会のなかで起きた出来事を扱っているわけですから、それらと区別される「社会史」とは何かという疑問が生じるのは当然です。また、社会史という言葉は国によって少しずつ意味するところに違いがあります（竹岡敬温・川北稔編『社会史への途』）。全体としていえば、ある時代、ある地域において、有名というわけではない人びとがとりむすぶ関係のあり方、生活のスタイル、行動の特徴などに注目する歴史叙述が、社会史と呼ばれることが多いといえます。つまり、特定の時代・地域で、集合的に、繰り返しおこなわれる行為が分析対象とされることが多いのです。

このような社会史研究のトピックの一つに、人びとが、権力者や富者に対して、異議申し立ての行動をとる場面の研究があります。暴動、一揆、打ちこわしなど、日本語では「民衆運動」という言葉で総称されることの多い現象です。こうした民衆運動が起きるとき、人びとは何らかの不満を抱いており、またその不満を、時代や地域によって異なる仕方で表明しています。運動がおこるためには、一定数の人びとが共通の不満を持っており、それを表明するための特定の方法（たとえば今日の社会では、署名を集める、デモ行進をする、集会を開く、などの方法があるでしょう）を持っていることが必要になります。そうした不満や、不満の表明方法を明らかにすることで、その時代の社会のあり方の特徴を浮かび上がらせる研究は、社会史研究の柱の一つであり続けてきました。

もっとも、運動に着目するのは社会史研究だけではありません。たとえば、マルクス主義的経済史学と強く結びついた運動史の研究というものもあります。マルクス主義的な歴史理解の特徴は、モノを作る人たち、すなわち生産者と、生産者を支配する人たちの関係に注目し、両者をそれぞれ「階級」としてつかみだす点にあります。第四章でとりあげたような、資本主義的な経済（第四章の図）のもとでは、資本家と労働者がそれぞれ「階級」に当たります。資本家は、生産手段を使って労働者を働かせ、労働者は資本家のもとで賃金を受け取って働きます。資本家は、労働者を長時間、安い賃金でこき使えば（少なくとも短期的には）より利益があがるので、両者のあいだには常に潜在的な対立関係があります。両者が衝突する場面が、マルクス主義的には「階級闘争」ということになります。こうして、マルクス主義的な経済史理解のもとでは、さまざまな運動は、どの階級とどの階級が闘っているのかという観点から整理されます。

社会史と呼ばれる研究潮流とマルクス主義との関係は、これもまた国によって異なっています。しかし、社会史的な運動研究に共通しているのは、経済の構造や階級の配置から、この階級であれば当然この階級と闘うという現象が起きるというような、いわば運動が経済構造から自動的に発生するような見方を取らないという点です。社会史的な運動史は、運動のなかで人びとがどのようなパターンの行動をとるか、日常のなかの人びとの関係のとりむすび方とどのように関係しているかに注目します。そして、行動を通じて、人びとが何を不満に思い、どのような行為が不正であり、どのような行為が正義であるという前提をもっていたのかを明らかにしてゆきます。

人びとの不満が経済的な状況に端を発するもの、たとえば賃金の低下に端を発するものであったとしても、それが運動という形にまとまる際には、「労働者階級の賃金が下がった」という経済状況だけではなく、「これだけの賃金を受け取り、このくらいの生活を送ってしかるべきだ」という前提が必要であり、そのことを働くものどうしが共有し、組織を作ることが必要となります。こうした、人びとに共有されている前提のことを、社会史研究では「意識」や「規範」といった言葉で表現してきました。

2　社会史の叙述──鶴巻孝雄「民衆運動の社会的願望」

†負債農民騒擾と武相困民党事件

さて、それではそうした観点から書かれた論文として、鶴巻孝雄「民衆運動の社会的願望」（一九九二年）という論文をとりあげて、第三章、第四章と同じように検討してみたいと思います。

鶴巻論文で扱われているのは、一八八〇年代の日本で起きた「負債農民騒擾」と呼ばれる民衆運動の一つ、「武相困民党事件」です。まず、この事件について説明しておきましょう。

こうした事件が起きた背景には、当時の日本経済の大きな変動がありました。一八八一年、いわゆる明治一四年の政変の結果として、政府の財政政策の責任者が、大隈重信から松方正義に交代します。松方は、財政の立て直しのために、政府の支出を削減しましたが、その結果として、深刻な不景気が発生します。いわゆる「松方デフレーション」です。

一八八一年以前の日本では、インフレーションが続いており、繭も毎年高く売れました。そこで、養蚕農家のなかには、借入金によって経営規模を拡大しようとするものもいました。ところが、松方財政の登場によって物価は全体として下落しました。とくに繭の価格の下落は激しいものがありました。

このころ、農家がお金を借りる場合、土地を担保として差し出すことが一般的でした。もし一定の期間にお金が返せなければ、土地は、お金を貸した人のものになります。

このように借金をした農家にとって、いきなり物価が下落してしまうと、大変に困ったことがおこります。予想に反して収入が減ってしまうので、お金が返せなくなり、土地が人の手にわたってしまうのです。養蚕農家ばかりでなく、土地を担保としてお金を借り、一時的に生活を支えていた農家はたくさんありました。そうした農家は、インフレーションからデフレーションへの突然の変化によって、自分の土地を失ってしまう危機に直面したのです。かれらはいわば、日本経済全体の激しい動きにまきこまれてしまったわけです。

そこで、一部の農民は、借金の返済猶予、長期にわたる年賦払いなどを求め、集団的に交渉をおこなったり、デモンストレーションをおこなったりして、債権者や役所に働きかけたのです。こうした一連の動きを、今日の歴史学者は「負債農民騒擾」と呼んでいます。

一八八四年から八五年にかけて、現在の神奈川県および東京都多摩地域で起きた「武相困民党事件」は、そうした負債農民騒擾のなかで、規模の大きいものとして知られていいます（なお、多摩地域は当時神奈川県に属していました）。「武相」の「武」は、旧国名「武蔵」の頭文字、相はおなじように「相模」の頭文字です。武蔵国と相模国にまたがる地域でおきた事件であることからこの名があります。また「困民党」というのは、そういう名前の政党が存在したわけではなく、新聞記者や、周囲の人びとが「困窮した人たちの運動」という意味で外から付けた名前です。武相困民党事件に参加した農民たちは、負債返済の五年間猶予、五〇年賦払い、担保として他人の手に渡った土地を五〇年賦で買い戻す権利を認めること、などを要求しましたが、債権者はこれらを認めず、最終的には警察による指導者の逮捕によって、運動は壊滅しました。

†先駆的論文の苦しみ

日本の近世・近代移行期の研究では、さきにふれたような社会史的な運動史の研究は、「社会史」と呼ばれることよりも、「民衆史」または「民衆運動史」と呼ばれることが多いのですが、鶴巻孝雄（一九四八〜）はそうした民衆運動史の代表的研究者の一人です。この論文は当初『歴史学研究』という学術雑誌が、自由民権運動に関する特集を組んだ際にそのなかの一編として発表され（「近代成立期の民衆運動・試論──武相困民党の社会的願望を中心に」一九八四年）、のちに改訂されたうえで、鶴巻の著書の一つの章として収録されました。

論文・著書の発表当時、鶴巻は東京都の町田市立自由民権資料館という博物館に勤務していました。また、『三多摩自由民権史料集』（一九七九年）という史料集の編纂にも携わっています。のちに東京成徳大学の教員となりますが、博物館で特定の地域の歴史に深くかかわったこと、またこれも特定の地域に即した運動史の史料集を編纂したことが、この論文の背景にはあります。『三多摩自由民権史料集』に掲載されている史料が、論文中で多く使われていることからも明らかです。

さて、ここで一つこの論文について注意すべきことは、鶴巻がこの論文を発表した当時、負債農民騒擾について、人びとの「規範」や「意識」に注目するという手法は必ずしも一般的なものではなかったということです。さきほど触れたように、この論文は学術雑誌の自由民権運動特集に寄せられた論考なのですが、その特集の「はしがき」では、鶴巻論文は「近世後期の質地騒動から一貫して民衆の「社会的願望」を追うことによって、従来、自由民権運動の影響という視角から論じられることの多かった困民党を、むしろ近代社会成立期に固有な自律性を持った民衆運動であったと結論づけた意欲作」と評されています。これまでは自由民権運動と結びつけられてきた事件を、そうではないものと位置づけた点で「意欲作」だ、というのです。「はしがき」の書き手は、従来の自由民権運動史研究と鶴巻論文の関係を、違うものだと述べる以上のことができなかったように見えます。

これは「はしがき」の書き手だけの問題ではなく、そもそも鶴巻論文自体がそのような書かれ方をしていることにも起因しています。

このことは、第四章で取り上げた石井寛治の蚕糸業研究と比べるとわかりやすいと思います。マルクス主義経済史学がマルクスその人の研究に始まるとすれば、石井が論文を書くまでに一〇〇年近くの時間が流れており、日本でも一九三〇年代以来の研究蓄積がありました。石井が論文を書いた時点で、「産業資本」「生産力」「生産関係」などの基本的な語彙や、それを用いた議論の枠組みは確立していたわけです。石井はそれを用いながら、そうした枠組みを共有している先行研究を批判し、自分の明らかにしたことを説明することができました。

一方、社会史は、欧米においても、政治史や経済史よりも新しい学問であり、そのような視角から負債農民騒擾研究をおこなったのは、この鶴巻論文が最初期のものでした。現在では、日本の近世・近代移行期研究において、鶴巻のこの論文は、ほぼ同時期にあらわれた稲田雅洋（一九四三〜）、牧原憲夫（一九四三〜二〇一六）の研究とならんで、民衆運動史研究の代表的研究と位置付けられていますが（藤野裕子「民衆史・社会史1」）、一九八四年の発表当時は先駆的な研究であり、他に似たような研究はなかったのです。

鶴巻論文に限らず、先駆的研究では、同じ対象をあつかった先行研究があったとしても、時として、その研究と同じ語彙を同じ意味で用いて記述することができないという困難を抱えます。言いたいことを何とか伝えようとする試行錯誤が論文の中で生じてしまうことが避けられないのです。この章では、そうした先駆的研究の苦しみにも注目しながら論文の内容と特徴を紹介してみたいと思います。

†鶴巻論文の構成と内容

以上のことを前提に、鶴巻論文の目次を次に掲げます。

一　はじめに
二　土地所有権をめぐる対抗――質地取戻し運動を中心に
　1　幕末期の質地騒動
　2　新政下の質地紛争
三　負債をめぐる対抗――武相困民党事件を中心に
　1　社会的・歴史的背景
　2　社会的願望
　3　富裕農民と自由民権派

この論文には結論部がありませんが、最初に発表された論文には「おわりに」がありました。おそらく、結論に相当する部分を著書全体の最後にまとめたからだと推測されますが、本章ではこの部分の内容についても紹介したいと思います。

この論文の「はじめに」はやや異例の始まり方をします。それは、著者である鶴巻が、自分の過去の研究を振り返って、その欠陥を反省するというものです。鶴巻は、自身がこれまで発表してきた武相困民党事件に関する研究は、自由民権運動についての既存の枠組みにとらわれていたといいます。その既存の枠組みを、鶴巻は、「自由民権期の階級矛盾の基本を政府と農民の間に見、豪農と一般農民の対立・矛盾を副次的とする時代像」、「困民党を「下からの近代化」の真の担い手とする近代史像」などと表現しています。

この箇所を理解するためには、鶴巻論文発表時の研究状況について若干の説明が必要でしょう。負債農民騒擾が起きた松方デフレ期は、参政権要求を核とする自由民権運動の末期と重なっていました。したがって、自由民権運動と負債農民騒擾の関係をどのように捉えるか、という研究上の問題が生じます。

運動を階級闘争として捉えるマルクス主義的な研究潮流のなかでは、この時期の明治政府を、近代社会以前の性格を持つ、封建的な政治権力とみなし、これに対抗する自由民権運動は、近代資本主義社会の担い手となる資本家＝ブルジョアの運動、つまり「ブルジョア民主主義運動」とみる見方が一般的でした。農民、とくに上層農民（「豪農」と呼ばれます）は、農業のかたわらで手工業の工場などを経営し、ブルジョアへの成長の道の途上にあるとみなされていました。

この観点からは、農民のあいだから成長しつつあるブルジョア階級が、被支配者層全体を率いて、封建的国家権力と対決していたのが自由民権運動と位置づけられることになります。これが、鶴巻が言う、「階級矛盾の基本を政府と農民の間に見」という言葉の意味です。したがって、豪農と一般農民のあいだには、封建勢力を打ち倒すという点で利害の一致があった、とみなされることになります。

それゆえ、負債農民騒擾のようなものも、本質的には自由民権運動の一部であるとみなされていました。彼らも、近代的な社会の仕組みを目指した運動の一部であると考えられたわけです。鶴巻が、困民党を「「下からの近代化」の真の担い手とする近代史像」と述べているのはそのような理解のことを指しています。

実は、このような典型的マルクス主義史学の立場からする負債農民騒擾の理解と、鶴巻の研究のあいだには、重要な先行研究として色川大吉（一九二五～二〇二一）の「困民党と自由党」（初出は一九六〇年）という論文があり、鶴巻論文でも代表的な先行研究として論文名のみが挙げられています（なお、鶴巻は、東京経済大学の色川ゼミナール出身者です）。

色川はこの論文のなかで、武相困民党の運動が自由民権運動と直接には交わらなかったことをすでに問題にしています。

しかし、色川は、武相困民党事件を、同じ年に、隣接する地域で、同じように負債問題に端を発した運動として発生しながら、自由民権運動の影響を受けつつ政府に対する公然たる武装蜂起へと発展した秩父事件との比較で論じています。

色川論文は、「わが国にも武装蜂起の歴史があった」という強烈な一文から書き起こされています。それに続くのは「西南戦争を別とすれば、わが近代史上、武装蜂起の最大のものは（そしてそれらしい唯一のものは）一八八四年（明治十七年）の秩父事件であった」という一文です。なぜ、埼玉県の秩父地方でのみ武装蜂起がおきたのか。それは大きな「謎」であると色川は論じます。そして、似たような経済状態にあり、また同じく負債問題を契機とする運動が組織されながら武装蜂起に至らなかった武相困民党を対象として取り上げ、そこでの自由民権運動家たち（自由党員たち）と武相困民党の参加者たちの経済的な状況、つまり階級的な性格を明らかにしてゆくのです。

ところが、色川のこの論文は、武相困民党と、同じ地域の自由党員たちが、階級的利害としては共闘する余地があったにもかかわらず、実際には共に闘うことはなかったことを論じただけで未完のまま発表され、直接の続稿が書かれることはありませんでした。色川が冒頭で掲げた、秩父だけがなぜ武装蜂起にいたったのかという謎は謎のまま残ってしまったのです。色川は、階級論的な説明だけで武相困民党事件を説明することに行き詰まってしまったとも言えます。鶴巻はこうした状況のなかで研究に着手したのです。

鶴巻論文の「はじめに」は、こうした従来型の歴史理解の枠組みにとらわれていた自分を批判する形で、間接的に先行研究を批判する形をとっています。一方、先行研究の著者名・著作名を挙げて具体的に批判するという作業をこの論文ではしていません。これは論文としては本来必要とされる手続きを飛ばしていることになります。

こうなったのは発表された場の性格も関係していると思われます。これは「歴史学研究会」という学会が、その機関誌である『歴史学研究』という雑誌に、自由民権運動の特集を組んだ際に掲載されたものです。学術雑誌に掲載される論文には「査読」という手続きを経るものと経ないものがあります。査読というのは、雑誌に論文を掲載したいと思った研究者が論文を投稿し、その投稿された論文を別の研究者が読み（匿名でおこなわれることが多いです）、その雑誌に掲載されるにふさわしい水準を満たしているかどうか審査することを指します。一方、雑誌の特集の場合は、投稿論文ではなく、雑誌の編集委員会が特集テーマを決め、最初から「このテーマで執筆をお願いします」と、特定の研究者に執筆を依頼する形をとることがあります。この場合、頼まれて書いているので、しばしば査読の手続きは取られません。こうした特集の場合には、すでに特集テーマに関する先行研究は読み手にとって既知のものであるとしてわざわざ言及されなかったり、厳密な先行研究批判や論証よりも、問題提起的な文章が求められたりすることがあります。

ただし、それにしても、自分の過去の論文への反省から始まるというのは異例の「はじめに」ではあります。ここは、先ほど触れた先駆的研究の苦しみが現れている点の一つです。鶴巻論文は、この時点で、従来の自由民権運動研究ないし負債農民騒擾研究を全面的に批判するという意図をもって書かれています。それだけに、個別の研究について問題を指摘することが難しかったことが予想されます。そこで、自分自身が過去の研究ではどのような枠組みに依拠していたか、そのなかで史料を読むうちにどのように新しい論点を発見するに至ったかを述べるという一人称の「はじめに」が必要とされたと考えられます。

さて、そのうえで、鶴巻論文の「はじめに」では、次のようなことを明らかにすることが論文の課題として設定されています（傍線は松沢による）。

困民党の要求と行動によりそって、民衆が現状の困難をどのように認識し、その打開のための運動と論理をどのように構築し、そして結局のところ民衆が、どのような社会のあり方を求めていたのか、どのような社会的願望をもっていたのか

鶴巻が解明したいと思っているのは、困民党事件の際の「民衆」の現状認識であり、運動と論理の構築（ややわかりにくい表現ですが、どのような論理によって運動を正当化したのか）の仕方であり、また民衆がどのような社会のあり方を求めていたのか、ということだ、ということになります。鶴巻が「民衆」と呼ぶ、人びとの集合が、どのように感じ、考え、運動を起こしたのかを解明したいわけです。言い換えれば、ある人びとの集団を、ある経済構造のなかで、特定の「階級」として括ることによって運動の発生を説明するのではなく、運動を起こすからには、当人たちにはそれなりの思いや考えがあるはずで、そのような当人たちの認識を明らかにしたい、と鶴巻は述べています。

引用部分の最初でつかわれている「よりそう」という動詞は、この場合、困民党に参加した人びとの主張のなかから、彼らの考えや願望を読み取ることを指しています。例えば第四章で扱った石井論文では「経営者がどう思っていたかはひとまず置いて、この経営は

こういう状況に置かれていた」ということが重視されていたわけですが、鶴巻論文では困民党の参加者がどう思っていたかをひとまず置かないで、「彼らはどう思っていたから運動を起こしたのか」という問いの立て方をしているわけです。日本の民衆史・社会史の論文では、しばしばこの「よりそう」という単語が用いられ、いささか便利に使われすぎているところもあるのですが、だいたいはこのような「当人たちの考えに付き合ってみる」という意味あいです。

「一　はじめに」につづき、二と三の部分が本論を構成します。二では、困民党事件よりも前の時期である幕末・維新期に同じ地域で多発した質地取戻し運動が検討されています。

質地とは、お金を借りる際に、お金の借り手から貸し手に担保として差し出される土地のことです。三年、五年など、一定の年限（「年季」）のあいだに借金が返済できれば土地は借り手のところに帰ってきます（「請戻《うけもど》し」）が、その期間を経過すると、土地は「質流れ」となり、債権者のものになります。しかし、その年限が超過したあとも、かつてのその土地の所有者である借り手が、貸し手にその土地の返還を要求する場合があり、それがきっかけで借り手・貸し手間で紛争が発生することがあります。これが「質地騒動」です。

なぜこのような騒動がおこるのでしょうか。鶴巻は、「無《む》年《ねん》季金子《きんす》有合次第《ありあわせしだい》請戻しの質地慣行」が、武相地域で広く見られたことに注目します。これは、年季が過ぎて、土地の持ち主がお金の貸し手となった後も、元の持ち主がお金ができたときに借金を返せば、土地は元の持ち主のところに返ってくる（質流れの結果土地を手に入れた持ち主は、元の持ち主に返さなければならない）という慣行のことです。

そして、こうした慣行は、幕府や領主などの法というよりも、村が独自に定めた法、「村法」に支えられており、民衆自身が定め、自ら守る「共同体規制」であると鶴巻は主張します。

さて、こうした質地慣行・村法は、民衆のどのような意識に基づくのでしょうか。鶴巻は、史料中にあらわれる「百姓永続」「百姓相続」という言葉に注目し、それは「百姓が将来にわたって一家を相続させていく」ことであると指摘します。そして、それぞれの百姓が安定的・永続的に経営を続けてゆくことは、共同体の永続にもつながると考えられていた、と述べます。したがって、富裕農民が、自分の経営の拡大・私的利益の追求を優先し、他の農民を経営破綻に追い込むことは、共同体の秩序を乱す「不正」な行為であると認識されることになります。富裕農民の土地集積に歯止めをかけ、一般農民が土地を失わないようにするための仕組みである質地請戻し慣行は、こうした民衆の意識に支えられていた、と鶴巻は主張するのです。

明治維新後、こうした慣行は、明治政府の制定した法、さらには一つ一つの土地に一人の所有者を認定した地租改正を通じて否定されます。従来の質地慣行は、現在の所有者のほかに、過去の所有者に潜在的な権利を認めるものですが、政府が基本方針とした私的土地所有の保護という方針は、一つの土地には一人の所有権者しか認めない、というものだったからです。こうした政府の政策を後ろ盾として、お金の貸し手側である富裕農民は強い態度に出るようになったため、一般農民との衝突は幕末期よりも先鋭化し、お金の借り手である農民たちが、貸し手を殺害する事件（真土村事件、一八七八年）まで発生します。土地の所有権そのものをめぐる争いは、一八八三年ごろまでに新しい制度のもとで収束してゆきますが、共同体の構成員それぞれが、農家として安定的に存続できるように配慮すべきであり、私的な利益の追求は制限されるべきだ、という民衆の意識そのものはすぐには消滅せず、これが松方デフレ期の困民党事件につながってゆきます。つまり、鶴巻は、江戸時代の武相地域では、共同体メンバーの永続を脅かすにいたるような富の蓄積は不正である、という価値観によって、私的利益の追求が規制されていたことを前提に、武相困民党事件を考えるわけです。

以上を踏まえ「三　負債をめぐる対抗」では、武相困民党事件で争われたのが何であったのかが検討されます。土地の所有権自体はもはや争っても仕方のない問題になってしまったため、争点は負債に移ります。この時期にも、すべての富裕農民が私的利益の追求を全面的に肯定する立場に立ったわけではありませんでした。共同体の責任者としての意識を持つ富裕農民は、お金を貸すとしても困った農民にお金を融通して、その経営を支えてやるような貸し方をします。これに対して、この時期には、複数の富裕農民・商人らが出資した銀行や金貸会社など、純粋に営利を目的とし、かつ広域的に活動する金融業者が現れます。鶴巻は、史料上の文言から、前者を、「道徳上・懇親上の貸借」、後者を「苛酷な貸借」と呼びます。後者のお金の貸し方は、高利であり、返済の猶予を認めない点で、一般農民たちからは「苛酷」とみなされていた、というわけです。

銀行や金貸会社は、契約にもとづく金銭の貸借という近代的な権利・義務関係の観点から契約の履行を迫るわけですが、民衆の「伝統的・道徳的な共同体的関係」の観点からは、お金の借り手を破産に追いやるような取り立ては「不正」であるとみなされます。こうした不正観に立って、借金の返済猶予・年賦返済を求めたのが、武相困民党事件である、というのが鶴巻の理解です。

武相地域の富裕農民のなかには自由民権運動に参加している者もいました。そのなかには、債権者・負債農民のあいだに入って仲裁人として活動する者もいましたが、成果を挙げることはできませんでした。一方、自由民権運動家のなかには、銀行・金貸会社の出資者もおり、彼らは困民党の運動に対して批判的・敵対的でした。そのうえで、鶴巻は、基本的に、近代的な財産権の保護を是とする自由民権運動の立場は、他人を没落させてまで蓄財をおこなう者は不正である、という困民党の立場とは対立するものだ、と指摘しています。したがって、困民党のような「民衆運動」は、自由民権運動とは別の正義や不正に対する見方を持つ運動であり、鶴巻はそのことを「民衆運動の自律性」として強調することになるわけです。

初出論文の「おわりに」では、以上のことが、「武相の困民党事件は、民衆の生存・生活を侵し、小生産者としての自立を破壊する、財産所有・経済的自由（契約の自由、自由競争）に一定の制限を加えようとした運動」とまとめられています。

†鶴巻論文の叙述の特徴

さて、こうした鶴巻論文から、いくつかの叙述の特徴を取り出してみましょう。

一点目は、事例のとりあつかい方です。鶴巻論文の前半では、武相地域で起きた質地騒動の事例が取り上げられているのですが、そのすべてを網羅的に検討する方法は取られていません。次の引用をみてください（傍線は松沢による）。

しかし、質地騒動や名主出入など、村規模の騒動は、相州地域を中心にかなりの数が確認される。とくに、相州南部地域の質地騒動、名主出入関係史料は、『神奈川県史』資料編5近世(2)や『藤沢市史』『茅ヶ崎市史』などに比較的まとまった形で紹介されており、騒動の要求、対抗の構造と行動形態、獲得項目、共同体的関係の実態、その背景となる民衆意識・民衆的価値原理などを析出することが可能である。

ここで鶴巻は、ひとつずつの事例は挙げず「かなりの数」の騒動があることを述べたうえで、それらにかかわる史料がいくつかの自治体史に収録されていることを指摘し、そこから、騒動で論点となる要素を「析出することが可能である」と述べて、これからおこなう分析に妥当性があることを示しています。この箇所では、さしあたり鶴巻の言うことを信用して先に進むしかありません。

では、「民衆的価値原理など」の「析出」はどのようにおこなわれているのでしょうか。前の文章の少し先に出てくる、もう一つ文章を引用してみます（傍線とふりがなは松沢による）。

この慣行は地租改正期までかなり広範に展開しつづけるが、その背景には、検地で所持を公認された土地はたとえ流地となっても所持権を失うことはない、という「名請地の所持意識」ともいえる土地意識があったと推定される。たとえば、一八五三（嘉永六）年から一八六〇（万延元）年までつづく相州高座郡矢畑村の騒動では、「往古《おうこ》ゟ《より》是迄《これまで》私（注―質取主）所持之田畑は右之者共（注―質入主五人）之名受之地所ニ付、右質流地《しちながれち》ニ相成《あいなり》居《おり》候《そうろう》間《あいだ》当節七分五厘元直《もとね》段《だん》ヲ以《もって》可受戻旨《うけもどすべきむね》」の掛合いがおこなわれている（『茅ヶ崎市史1』資料編上、四七九ページ）。ここには、たとえ流地になっていたとしても、自己の名請地から離れるいわれはない、との考えが示されていよう。

鶴巻はまず、人びとが土地に対して持っていた意識を「名請地の所持意識」と名付け、そうしたものが存在していたと推定します。そして、そのあとで、根拠となる高座郡矢畑村の騒動に関する史料を「たとえば」という言葉とともに導入してきます。あたかも、「名請地の所持意識」の根拠となる史料がたくさん入っている袋から、任意の一通を取り出してきたかのような手つきです。

残っている史料を全部あげて、逐一提示することはしなくてもよいのでしょうか。いくつかの理由が挙げられます。

第一に、前提条件として、鶴巻は、騒動の記録が、『神奈川県史』をはじめとする史料集に収録されていることを述べています。これらはいずれも活字化されて刊行されている書籍ですから、鶴巻の主張が信用できないと考えれば、それらに当たりなおすことはそれほど難しいことではありません。史料のたくさん入っている袋から、任意の一通を取り出してきて見せているとしても、その袋のなかに何が入っているのかは、鶴巻はあらかじめ教えてくれているというわけです。

第二に、すべての史料を逐一提示しても、あまり結論が変わらないだろうことがある程度想定できるからです。ここで鶴巻があつかっているのは、土地取引の正当性にかかわる議論です。相州高座郡矢畑村の騒動に関して引用されている史料が述べていることは、「検地帳に登録されている五人の人物は、私に土地を質入れしてお金を借りたが、返せなくて質流れとなり、その土地は私のものになった。しかし彼らは、今ならお金が返せるので、借りたときの金額と引き換えに土地を返してほしいと主張している」ということです。ここから鶴巻は、検地帳に登録されている者が本来の持ち主であり、いったん別の人物のものになっても、元金さえ返せば土地は取り戻せる、というルールが存在したのだと述べています。たしかに、引用史料には「名受之地所ニ付」（検地帳に登録された土地なので）という、土地を返してもらって当然なのだという言い回し（質入れした五人の側の言い分ですが）が含まれています。

このように、「それが当然なのだ」という人のふるまいを見つけた場合、歴史家は、人びとが何らかのルールを前提に行動していると考えます。この場合、そのルールを鶴巻は「名請地の所持意識」と名づけたわけです。一般的に、ルールは一定の時代と地域である程度共有されていなければルールとして機能しません。また、ルールに対する違反があったとしても、ルールがあるということは揺らぎません。信号無視をしている人物を二一世紀の日本で目にしたからといって、「赤信号で道路を横断してはならない」というルールが二一世紀の日本に存在しないことにはなりません。

つまり、高座郡矢畑村で「それが当然なのだ」と言わんばかりに行動している人たちを見つけた場合、同じ時代のその村の隣接地域で「それは当然じゃないだろう」という人びとがたくさんいることは想定しにくいのです。こうした例の挙げ方は、社会史の論文でしばしばみられるものです。

ここには社会史の研究における事例の研究が持つ特徴があらわれています。第三章でみた高橋秀直の政治史の論文では、「西郷隆盛」は、何かの事例として取り上げられているわけではなく、ほかならぬ、征韓論政変の発生という時点で、状況に決定的な変化をもたらすことができる人物として取り上げられていました。第四章でみた石井寛治の経済史の論文では、「天原社」は、他に同じような史料を残している座繰製糸経営であれば、別に天原社以外の会社を分析しても構わないような対象、つまり事例として取り上げられています。経済史の場合には、ある時期のある地域の市場参加者は、原料仕入れ、製品販売、労働力の調達などで同じような問題に直面することが想定されるので、天原社の分析でわかったことは、他の事例にも適用可能であるか、すくなくとも他の事例を分析する際にも役に立つでしょう。

では、鶴巻の取り上げている「高座郡矢畑村」はどうでしょうか。これも、石井論文の天原社と同様、同じような騒動が起きている村であれば他の村でもよかったという類の一事例です。そして、鶴巻は史料のなかの言葉遣いに注目しています。具体的には、「名受」（名請）、「質流」、「受戻」（請戻）という言葉の関連の仕方です。図式的に示せば、鶴巻は「Aの名請地、つまりAの名義で検地帳に登録された土地は、一度質流れになったとしても、元金を返済すれば返してもらうことができる（請戻すことができる）」という関連をここで読み取っているのです。

これを石井寛治の天原社の研究と比較してみましょう。石井が帳簿を使って天原社の経営を明らかにしたときに、天原社と他の会社とで帳簿のつけ方が同じかどうかはあまり大きな問題ではないでしょう。問題なのは、収益や仕入れ価格の変化といった、表にまとめた段階で示されるような数値です。そして、石井の場合は、ある一つの経営をとりあげ、それらの数値を示すことで、同じような環境に直面している経営も、おそらくは同じような問題を抱えているだろう、という形での事例の提示の仕方をしていたのでした。

一方、ルールの研究をしている鶴巻にとって、人びとが同じ言葉遣いをしているかどうかは決定的に重要です。なぜなら、言葉のつかい方は一定の範囲で共有されていることが想定されるからです。そして、「名請」「質流」「請戻」といった言葉は、江戸時代の農村で一般的に用いられるものなので、ここで鶴巻は、江戸時代の農民がこうした仕方で、これらの言葉を組み合わせて、ある主張の根拠として使っていたことを示したことになります。

このように、社会史・民衆史の研究では、研究の対象となる人びとが使う言葉に注目し、それを人びとがどのように組み合わせて使っているか、それらの言葉が相互にどのような関係にあるのかが分析されます。その場合、一つの事例の分析は、そうした言葉遣いをする人びとの一例として提示されます。経済史の事例が、一定の経済的環境を共有する経営の一つとして取り出されるのと同じように、社会史の事例は、一定の言葉遣いを共有する人びとの一部として取り出されるわけです。民衆の「意識」や「価値原理」を明らかにする、と鶴巻が述べるときに、具体的におこなわれていることは、このような言葉遣いの分析と、そこからなんらかの守るべきルールが存在していたことを推定するという作業です。

ただし、それにしても、ここでの鶴巻の叙述の仕方が、かなり先を急いだ感じになっていることは否定できないでしょう。高座郡矢畑村の騒動の経過が示されることはなく、必要最低限の史料引用が示されているだけです。これは、鶴巻の論文が、先駆的な論文であるがゆえにそうせざるをえなかった点の一つです。もし、そうした土地に関するルールがあることが研究者のあいだで常識となるならば、そのうえで、一つ一つの事例の詳しい分析や、同じような言葉遣いをする人びとが別の行動をとったりする事例の発見などが、積み重ねられてゆくことになるでしょう（実際には、そうした研究は江戸時代史の研究のなかで、鶴巻の研究と並行して進められており、鶴巻はそれについては注で言及しています）。

しかし、ここでの鶴巻には、そうした議論を進める余裕はないのです。武相困民党事件について、これまでの階級論的な説明や、それに基づいて自由民権運動と関連付けるやり方以外の説明を打ち出そうとしている鶴巻は、その前提として、人びとが土地にたいして、あるルールを適用していたのだということを主張しなければならなかったのです。

もう一つ、一つ目の引用に現れる「共同体的関係」という語も、この論文が先駆的であるがゆえに、分析を深めることなく先に進まざるを得なかった点です。しかし、鶴巻は「共同体」とは何なのかについて、一言も述べていません。

私は別に「定義をしないで、言葉を使ってはいけない」ということを言いたいわけではありません。ただ、「共同体」というだけで済ませてしまえば、議論がその先に進まないのは確かだと思います。本来必要なのは、村のメンバーたちが、お互いにどのような関係を取り結んでいるのか、それをどのようなものとして、どのような言葉を用いて理解しているのかの分析でしょう。つまり、「共同体」という言葉で鶴巻が言おうとしていることの中身です。

そしてこのことは、「名請」が人びとの土地所有にとって重要な意味を持っていたことと密接な関係があるはずです。名請とは、村単位で作成される検地帳にその土地の権利を持つ者として登録されることをさすからです。しかしこの場合、こうした分析を深めていては、いつまでたっても肝心な武相困民党事件の議論に入ることはできなかったでしょう。

個人的なことをいえば、私自身は、大学生のときに鶴巻の研究を読み、その強い影響を受けて研究を始めました。私が卒業論文で扱った研究テーマは、武相困民党事件と同じ年、一八八四年に行われた、村の制度の改革（「明治十七年の地方制度改革」）でした。私は鶴巻が提起したような負債農民騒擾の構図のなかで、村という組織を「共同体」と言って済ませるのではなく、もっと立ち入って分析してみようとしたということもできると思います（実際、卒業論文の「はじめに」では鶴巻の著書が先行研究として言及されています）。

†「なぜ」に対する答え方

他の章と同じように、ここでも「なぜ」という問いに注目してみましょう。論文のなかで、「なぜ」が用いられている箇所として、つぎのような部分があります。

上願書や歎願書、運動報告書を中心に、当時の民衆がなぜ党を結び、負債完済の道を探らねばならなかったかを、民衆観念に即して明らかにしてみよう。

困民党という組織を結成し、返済繰り延べなどの要求を掲げて運動したのは「なぜ」なのか、という問いです。これに対応した答えを「包括的に記述」したものとして、鶴巻は、一八八五年の一月から二月ごろと推定される、困民党の幹部から村々の指導者宛に出された「回章」のなかに見いだそうとします。

「回章」のなかでは、人びとが「団結」したのは、「諸債主之苛酷、時世之変動、物価非常ノ下落」が人びとを苦境に追い詰めたからだ、と書かれています。この三つが、困民党の運動がおきた理由である、と幹部たちは認識していたというわけです。そのうち、「時世之変動」については史料中にそれ以上の説明がないので、何を指しているのかがわかりません。

残る二つのうち、「物価非常ノ下落」（最初に説明した松方デフレのことです）の方を鶴巻は重視せず、「諸債主之苛酷」こそが、問いに対する答えにあたるものだ、と述べます。

その部分を引用してみましょう（傍線は松沢による）。

「物価非常ノ下落」についてはたんなる状況説明の域をでず、「諸債主之苛酷」こそ「地方人民困歎ノ情況」を打破するための攻撃目標と位置づけられる。

この箇所は鶴巻の叙述の特徴がよく表れている点です。「物価が下落したので農民が運動を起こした」と、「債権者が苛酷な取り立てをしたので農民が運動を起こした」はいずれもありうる「なぜ」に対する答え方ですが、鶴巻にとって前者は不十分な答えなのです。

ここで注目したいのは、「状況説明」と「攻撃目標」という単語が「物価の下落」と「諸債主の苛酷」にそれぞれ割り振られている点です。常識的に考えて「状況説明」と「攻撃目標」は、同じ種類の単語ではありません。前者はある文章が何を説明しているかを指し、後者は、ある事件のなかにあらわれる人物や組織の位置づけに関わるものです。これがあえて並列にされているのは、鶴巻は「なぜ人びとが運動を起こしたのか」に対する答えとして「人びとが何を解決しようとしていたか」に答えなければならないと考えているからでしょう。確かに、武相困民党は政府に対してデフレ政策を撤回するように要求したのではありません。負債農民たちは政府の経済政策の転換に困難な状況の打開を期待してはいなかったのです。デフレの責任を問うならば、緊縮財政を採用した松方大蔵卿に攻撃の矛先が向かってもよさそうなものですが、負債農民たちはそうはしませんでした。負債農民は、債権者に対して返済条件の緩和を要求したのでした。実際にそのように人びとが動いたことが、「物価の下落」と「諸債主の苛酷」のうち、鶴巻が後者を重視する理由になっています。

もう一歩踏み込むならば、鶴巻が後者を重視しているのは、人びとが何に怒って運動に立ち上がったのか、つまり、人びとのどのような規範意識が武相困民党事件の背景にあるのか、という問いがあるからです。ここで「なぜ」の答えとして「諸債主の苛酷」が重視されるのは「苛酷」という規範にかかわる言葉遣いが登場しているからでしょう。「苛酷」である以上は「苛酷でない」水準というもの、つまり「この程度なら妥当」という規範意識が人びとのあいだにあるはずだという想定につながっていることになります。

鶴巻論文が全体として行っていることは、運動に参加した人びとの書き残した言葉を分析し、行動を追跡して、言葉や行動にパターンを見出そうとする作業だということになります。それはすなわち、運動に参加した人たちが、それをどのようなものとして理解していたのかを提示する作業ですから、「なぜ」に対する答えも、運動参加者の理解に即して与えられることになるわけです。

このように、社会史の論文では、経済史の場合と違って「何を考えていたか」が重視されます。経済史の論文であればなによりも繭価格の下落、つまり市場の動向が重要視され、それに対して農家経営がどのような反応を示したのかが重視されるでしょう。その点で、社会史も、政治史と同様、何を考え、どのように行動したかに注目している点では共通しているといえるでしょう。しかし、社会史の論文で注目されるのは、政治史の論文のように個人の考えではなく、人びとが共通して持っていた考え方の特徴です。この点では、社会史は複数のプレイヤーが同じ市場に参加することを重視する経済史研究に似ています。経済史の市場にあたるものが、社会史では、言葉遣いを共有する人びとの範囲ということになります。

†「日本」なのか「近代」なのか

さて、第三章、第四章では、それぞれの論文が「なぜ」に答えるときに、意味のある空間のまとまりを前提にしていることを指摘しました。第三章の政治史では一国が、第四章の経済史では市場圏がそうした意味のある空間のまとまりに相当するものでした。

さて、鶴巻論文ではどうでしょうか。この論文のタイトルは「民衆運動の社会的願望――民衆運動史試論」で、固有名詞が入っていません（初出時は「近代成立期の民衆運動・試論――武相困民党の社会的願望を中心に」で、サブタイトルには「武相困民党」が出てきます）。

実際に論じられているのは、これまで見てきたように、もっぱら一九世紀後半の武相地域の話です。もしかしたら、タイトルが抽象的に過ぎて、もっと「日本」とか「武相地域の」とか限定をかけるべきだ、という人もいるかもしれません。しかし、話はそれほど単純ではありません。鶴巻自身はこれを、「まず武相地域に対象を限定し、幕末から困民党事件までの土地貸借をめぐる民衆運動を、〈近代成立期の民衆運動〉という視角からその論理、歴史性をさぐる」と述べています。

この「まず……限定し」という表現に注目しておきたいと思います。武相地域に沈潜して研究を進めてきた鶴巻ですが、その地域そのものの歴史を解明したいと思っているわけではなく、焦点は「近代成立期」にあることがわかります。初出時のタイトルに明瞭ですが、鶴巻は、確信犯的に「日本」とか「武相」とかいう単語をタイトルに入れていないと考えるべきでしょう。

そのことは、論文中に、何か所か、比較対象として一八世紀のフランスやイギリスの民衆運動に関する研究成果が言及されている部分があることでもわかります。いきなりフランスやイギリスと比較しないで、まずは日本の他の地域と比較すればいいのに、と常識的には思うところでしょうが、鶴巻の関心はむしろ、地域よりも「近代成立期」という時代状況のほうにあるように見えます。

鶴巻は、本論文がおさめられた著書『近代化と伝統的民衆世界』（この書名にも「日本」は入っていません）の「はしがき」のなかで、次のように述べています。

困民党事件は、負債・借金による困苦を前提にした大衆運動だったが、その「負債」とは、いつの時代にもみられる負債一般と異なり、〈近代〉が成立する過程で支配的になってくる「新たな性格をもった貸借」であり、「困苦」とはたんなる負債額の増大によるものではなく、あたらしい貸借がもたらす時代に固有な難儀・危機を意味した。

この鶴巻の述べることを、先ほど触れた鶴巻の方法、すなわち、運動当事者たちが事態をどのように理解していたのかにもとづいて歴史を叙述するという方法と突き合わせてみると、次のようなことが言えると思います。困民党に参加した人びとが「借金がかさんで苦しい」と思っていたのは、それが単に額として大きいというにとどまらず、「何か新しいタイプの借金を背負ってしまった」と彼ら自身が理解していたことによるのだ、ということです。そして、鶴巻は、この新しいものは「近代」と呼ばれるものであると考えています。このことは鶴巻の研究自体からは出てきません。ただ、おそらくは鶴巻は困民党の研究を進めるなかで、似たような事情は、フランスやイギリスの民衆運動を扱った研究のなかにも見出されることに気が付いたのです。そうであるとすれば、困民党と同じような苦しみを味わった、いってみれば困民党の仲間たちは、「近代」がやってきたところにはいたるところに見出されるのかもしれない、という話になるわけです。

地域を限定し、そこでなされている人びとの言葉遣い・行動のパターンを観察するタイプの研究は、どちらにしてもわかったことを一定程度抽象的に理解しないと論文になりません。さきほど「名請」「質流」といった言葉を結び付ける、言葉遣いのありようがこの論文の分析の焦点だ、ということを述べましたが、「名請」とは検地帳に登録されていることで、「質流」とは、お金を借りた際に担保とした土地が、借金が返せなかったために人手に渡ることだ、といった理解を持たないかぎり、言葉遣いのありようを説明することができないのです。

　そうであるとすれば、抽象化をさらに一段進めることは可能です。たとえば「検地帳に登録する」を「土地台帳への登録」、「質流」を「担保物件の所有権の移動」といった具合にです。ここまで抽象化すると、同じような事態は、武相に限らず、日本はもとより、世界中のあちこちで見ることができるでしょう。別に一国単位を経由しなくとも、事例どうしを直接比較することができるのです。したがって、「意味のある空間のまとまり」は、さしあたってはある種の言葉遣いが共有されている空間（鶴巻の例でいえば、「検地帳」や「質入」といった言葉、その言葉が表現している制度が通用している範囲）ということになりますが（「まず……限定し」という鶴巻の表現はこのレベルに相当します）、その仲間はその空間の外側にいてもかまわない、ということになります。

　ただし、ここで鶴巻は、世界中どこでもやってくる、世界のどこでもいつかは出会わなければいけない「近代」というものは、自分の研究の外にある前提として考えているようです。実は、鶴巻がここまで「近代」にこだわっているのには、研究のなかでおこなわれている作業そのものの性格というよりも、鶴巻が研究をした、その時代の環境による部分が大きいのです。

ここまで三つの章を通じて、いくつかのタイプの論文が、どのように史料を読み、その結果を組み立てているのかを見てきました。すでに少し触れてきたところでもありますが、研究者があるタイプの組み立て方を選ぶとき、必ずしも史料そのものに書いてあることから組み立て方が決まるわけではありません。そこには研究者をとりまくいろいろな事情が関係してきます。「近代」を問題にしなければならない、というのもそうした事情の一つです。

第六章では、そうした事情のいくつかを取り上げて紹介したいと思います。

第六章

上からの近代・下からの近代

――「歴史についての考え方」の一例

1　歴史についての考え方と時代区分

†歴史についての考え方

ここまでの各章で説明してきた通り、歴史家が論文を書いている際におこなっているのは、史料に書かれていることを、その論文のテーマに即して、読者に紹介するという作業です。ただし、何に関心をもって史料を読むのか、史料のなかでどのようなことがらに注目するのかなどは歴史家それぞれに違うということも、ここまで見てきたとおりです。

そして、一人ひとりの歴史家が何に関心をもつかは、歴史家をとりまく環境によって左右されます。それについて歴史家自身が意識的である場合もあります。たとえば第四章で紹介した石井寛治論文は、マルクス経済学という説明の道具立てにもとづいて問いが立てられています。そこでは、経済現象を観察するために生産関係や生産力といった概念が用いられ、それらが史料から読み取られる情報と組み合わされて、「この時点のこの産業はかくかくしかじかの生産力の水準にあり、そのもとでかくかくしかじかの生産関係が展開されていた」という答えが導き出されるわけです。これは石井が論文を書いた一九六〇年代日本の経済史研究ではごく一般的なことでした。

こうした歴史に対する考え方が明示されている場合、それはしばしば「理論」と呼ばれます。そうしたものが明示されなくとも、それぞれの歴史家は（ときには歴史家自身にも意識されないままに）何らかの歴史に対する考え方をもって史料に向き合います。そうでなければ、そもそもどの史料を読んだらいいのかわからないでしょう。たとえば、第三章で扱った高橋秀直論文は特になんらかの「理論」を明示しているわけではありませんが、政治家の書簡を読みながら、「開化」をめぐる政策の競合を議論するという構えそれ自体のなかに、社会が変化するときに政治家のリーダーシップが大きな役割を果たすという考え方が含まれています。おおざっぱにいえば、それぞれの歴史家は、さまざまな現象のなかで何が大事だとおもっているのかという判断が、歴史についての考え方には含まれているのです。

†書き始め・書き終わりと時代区分

そうしたさまざまな「歴史についての考え方」が表れやすい論点のひとつに「時代区

分」があります。

時代区分が必要とされるのは、多かれ少なかれ時系列に沿って書かれる歴史学の論文では、歴史家は、どの時点から書き始め、どの時点で書き終えるかという問題に直面しているからです。

第三章でみた高橋秀直の論文は、一八七一（明治四）年七月の廃藩置県から、一八七三（明治六）年一〇月の明治六年政変までを対象としていました。それは、高橋論文の論旨に沿えば、「開化への競合」がもっぱら政府のなかで争われていた時期に相当します。第四章の石井寛治論文では、前後の時期に多少触れながらも、一八七九（明治一二）年の天原社設立から、一九〇六（明治三九）年の天原社閉鎖までを扱っています。一つの改良座繰会社が生まれてから、行き詰まって閉鎖されるまでが一つの論文にまとめられているわけです。第五章の鶴巻孝雄論文は、研究対象である武相地域で質地騒動が多発した幕末・維新期から書き起こされ、幕末・維新期には通用していた質地騒動の論理が、そのままでは通用しなくなった一八八四（明治一七）年の武相困民党事件を叙述の下限としています。

このようにそれぞれの論文は、ある時点からある時点までの出来事に何かまとまりがあると考え、それにしたがって書き始めと書き終わりを決めています。

一方、著者たちは、日本の「近代」というある一つの時代が始まったことに共通の関心を寄せています。高橋論文でいう「開化」とは、欧米型の政治・経済の仕組みを導入するプロセスのことですが、さしあたりそれを「近代化」と言い換えてもそれほどの違和感はないでしょう。石井論文は、日本の資本主義の発達に関心を寄せており、その流れのなかで、改良座繰製糸経営の成長と衰退がどこに位置づくのかを論じています。もっとも明確に「近代」という時代の始まりに力点をおいているのは鶴巻論文で、そこでは人びとの価値観が、近代とそれ以前の社会では違うということが問題にされていたのでした。

そう考えると、論文の書き手たちの頭の中には、単に論文のなかで扱った時期の区切りだけではなく、もう少し長いスパンでの時代区分の意識があることがわかります。

歴史の流れをいくつかの時期に区分すること、たとえば「古代・中世・近世・近代」とか、「平安時代・鎌倉時代・室町時代」とか、「メロヴィング朝期・カロリング朝期」とか、「明代・清代」といった時代区分を用いることは歴史家がごく一般的におこなっていることです。かつ、歴史家は、史料に基づいて論文を書く作業を積み重ねて、時として新しい区分を提案したり、どこからが新しい時代と言えるのか論争したりします（たとえば、鶴巻論文に対して、近代的な土地所有の意識は、もっと前から人びとのあいだに定着していたのだと批判することは可能でしょう）。

しかし、一方で、時代区分は歴史家が専門家としての立場から勝手に決められるものでもありません。歴史家でない人びとも、なんとなく、「あの時代は今とは違う」「あの時代はこの時代と違うように見える」というイメージを持っているものです。今日の日本を例にとれば、一九四五年以前の日本は、今の日本とは違うと感じる人もいるでしょうし、江戸時代社会は現在の社会と違うと考える人が多いでしょう。

一般的に言って、歴史家は、史料を読み、それを解説しながら歴史の本や論文を書いてゆくときに、史料には書いていないけれども大枠では広く共有されている歴史についての考え方（たとえば、「平安時代」といえばだいたいこのぐらいの時期を指す、というような考え方）をつかって歴史を書きます。一方、史料にもとづく研究によって、そうした考え方に修正を加えてゆくこともあります。

†時代区分に込められるもの

こうした時代区分は、共有されているといっても、全員が合意できるというものでもありません。なぜなら、それは、歴史家それぞれの「歴史についての考え方」に大きく左右されるからです。

たとえば、一八世紀スコットランドの知識人たち（「スコットランド啓蒙」）は、人類の社会は、「狩猟」「遊牧」「農業」「商業」の四段階を、階段を一歩ずつ昇るように発展する、という時代区分を提唱しましたが、ここで用いられている基準は、人びとがどのような活動によって自分たちの生活を支えているのか、という、社会の経済的な側面です。古典的なマルクス主義的歴史学では、「奴隷制」「封建制」「資本制」という三時代区分が使われることがありましたが、これも経済のあり方を基礎に時代を区切る点で、スコットランド啓蒙の時代区分を引き継いでいます。

また、日本史でよく使われる「平安時代」「鎌倉時代」「室町時代」「江戸時代」といった用語法は、それぞれの時代の政治の中心地と考えられる場所の名前を時代の名前に用いています。ここでは暗黙のうちに、政治の中心地の移動や、それにともなっておきる政権の担い手の交代が、社会の性格を変えるという考え方が含まれています。さらに日本史では、「古代」「中世」「近世」「近代」という四時代区分もよく使われていますが、これは、政治の中心地の移動にもとづく時代区分と、マルクス主義由来の時代区分を組み合わせて使っているうちに慣習的に定着した時代区分です（井手英策ほか『大人のための社会科』第三章)。

さらにいえば、時代区分を考え始めると、その最後には「自分たちの時代」が来ることになります。そして、「自分たちの時代」は、ヨーロッパで生まれ、各地での植民地支配を含みこみながら、全世界を巻き込んでいった一つの動きの延長線上にあるという感覚は、今を生きる人間にとって、多かれ少なかれ共有されているものでしょう。そもそも、スコットランド啓蒙の時代区分は、一八世紀後半にヨーロッパの人びとが経験した急激な経済の変化と、活動の空間的な拡大によって、自分たちは新しい時代に入りつつあるという意識を背景にして生まれたものでした（ロンルド・L・ミーク『社会科学と高貴ならざる未開人』)。こうした、自分たちの生きる時代のことを、一般的に「近代」と言い慣わしているわけです。

このように考えてみると、近代以前の歴史を研究するときも、「それは私たちの時代とは違う時代を見ている」ということが、語られずとも前提にされていることがわかります。近代以外の歴史を総称して「前近代」と呼ぶことがあるのはそのあらわれです。

第五章では、「近代」の到来を正面から扱ったタイプの「社会史」の論文を紹介しましたが、社会史と呼ばれる研究のなかには、「前近代」、すなわち自分たちの社会とは異なるタイプの社会のあり方に関心を寄せる研究潮流もあります。よく知られたものとして、中世ヨーロッパの人びとの結びつき方や、ものの考え方に注目した、フランスの「アナール学派」を挙げることができます。「アナール」というのは、フランス語で「年報」という意味で、一九二九年、ストラスブール大学の教授であったマルク・ブロックとリュシアン・フェーヴルが発刊した『社会経済史年報』という雑誌に由来します（竹岡敬温・川北稔編『社会史への途』）。

前近代の歴史を研究するときに、「現在の基準で考えてはいけない」ということがよく言われます。しかし、このようなことを言う場合には、今を生きる歴史家自身と読者は「現在の基準」が何であるかということは知っていることを前提に、過去の人びとの考え方や行動が今とは違うのだということを述べているわけです。このように、「現在の基準にとらわれずに歴史を書く」というときに歴史家は、歴史家自身が生きている時代がどういう時代なのかという一定の考え方を持っています。そして、歴史家が自身の生きる時代をどう考えるかということは、歴史家をとりまく環境によって左右されます。

以上のように、時代区分には、それぞれの歴史家が何に関心があるのか、自分が生きている時代をどういう時代だと思っているのかという、歴史についての考え方が集約的にあられます。

ここまでの章では、歴史家が史料にもとづいて歴史を書いてゆくときの書きぶりについて詳しく見てきたわけですが、この章では、必ずしも史料に根拠があるわけではない「歴史についての考え方」との付き合い方を、時代区分、とりわけ「近代」という時代の取り扱い方を例にしながら紹介してみたいと思います。

2 「近代」、このやっかいなもの

†ランケの場合

ヨーロッパで、歴史を、古代、中世、近代という三つの時代にわける区分（「三時代区分」）は、一七世紀末、ケラリウスという学者が『古代史』『中世史』『近代史』という本を出したことから広まったと言われています（岡崎勝世『世界史とヨーロッパ』）。ここでは、こうした大枠の時代区分を共有していた一九世紀のヨーロッパ人、レオポルト・フォン・ランケと、カール・マルクス、フリードリヒ・エンゲルスを例に、「中世」の終わり、「近代」の始まりについてその考え方を見てみたいと思います。

第一章で見た通り、「歴史学の祖」とも呼ばれるランケは、歴史を、神の意志の産物と考えており、また、神の意志そのものは知ることができないと考えていました。ランケにとって重要だったのは、歴史を貫く法則を見出すことではなく（それは神の意志なので知りようがない領域に属するからです）、歴史上のそれぞれの時代、それぞれの国家の個性を明らかにしてゆくことでした。

そうしたランケの立場からすれば、ある時代が特別な意味を持っているということはありえません。特別な意味というのは、たとえば、時代を追うごとに人類は進歩しており、その最後の時代——つまり歴史家その人が生きている時代——は、進歩の最先端にいるのだ、というような考え方です。こうした考え方をとると、「先行する時代はただ後続する時代の運搬者にすぎない」ものになってしまい、「神の不公平」が生じてしまうからです。それゆえランケは、時代区分に関して、「それぞれの時代は神と直に接している」という考え方をとり、どの時代がすぐれているとか劣っているとかという考え方をしませんでした（ランケ『世界史概観』）。

ランケの実際の作品を見てみましょう。主著の一つである『宗教改革時代のドイツ史』

は、文字通り「宗教改革時代」としてランケが括った一つの時代を扱っており、一四八六年のマクシミリアン一世の即位を始点としています。その本論の始まりの部分には次のようなことが書かれています。

中世のさまざまの所産は、いたるところで互いに戦いつつ、その結果、共倒れになったように見えるといってよいであろう。……（中略）……人間社会の根底にあるもろもろの理念は、それを生みだした神的にして永遠なるものを、部分的にまた不完全にしか含んでいないからである。……（中略）……地上におけるどんな存在も純粋で完全な存在とはなりえない。したがって永遠にして不滅なものは何ひとつないわけである。

ランケは、「宗教改革の時代」が、「中世」の終わりにあらわれたという時代区分の認識を持っていることがわかります。中世の終わりには、中世の世界を構成していた諸要素が共倒れになって新しい時代がやってくるという見解が示されていますが、それは別に「進歩」といったものと結びつけられているのではなく、どの時代であっても、時代を構成する要素は、神の視点からみれば不完全なものでしかなく、いつか滅びてゆくほかないものだからだ、とされるわけです。このように、ランケの歴史学においては、時代区分そのものはなされるのですが、その時代区分が何か重大な意味を帯びることはない、ということになります。もし意味があったとしても、神ならぬ人間にはそれは知り得ぬことで、歴史家にできることは、その時代の個性を淡々と描き出してゆくことだけだ、ということになるでしょう。そして、その時代の社会に大きな影響を与えることができる君主や政治家たちは、神によって与えられたそれぞれの時代の個性を代表する人物であると考えられ、君主や政治家によって支配される人びとの経済活動や生活は重要視されませんでした。

支配―被支配の関係を、「上から」とか「下から」とか表現するのは比喩に過ぎないのですが、ランケの場合、文字どおり天上の神に歴史叙述の最終的な動因を置いているために、歴史叙述も「上から」のものとなるわけです。歴史家ピーター・ゲイは、ランケの叙述スタイルを検討した書物のなかで、このことを「ランケの体系からいえば、ビスマルクは、明きらかに、ベーベル（松沢注：ドイツ社会民主党の指導者、労働者出身）より神に近かったのである」と述べています（『歴史の文体』）。

「この世界に永遠に存在するものなど何もない」といった考え方は、史料にもとづいて導き出されているわけではありません。史料にもとづいた歴史研究を重視したランケであっても、彼をとりまいていたルター派キリスト教という環境に由来する、彼なりの「歴史についての考え方」を使いながら、史料から読み取ったことがらを配置し、歴史書を書いていることがわかります。

†マルクスの場合

ランケと対照的な歴史理解を示したのが、ランケより二三歳若く、同じくドイツに生を受けたカール・マルクスでした。マルクスはかならずしも歴史家というわけではありませんが、彼の哲学や経済学は、彼なりの歴史についての考え方とセットで構築されたもので、その考え方は後世の歴史家に大きな影響を与えました。

マルクスと、彼の盟友であるフリードリヒ・エンゲルスが一八四八年に発表した『共産党宣言』は、文字通り共産主義運動の指針を示すために書かれたものですが、そのなかでは、共産主義運動の発生の必然性を、歴史を用いて示すことがおこなわれています。

『宣言』の第一章「ブルジョアとプロレタリア」は次のように書き始められています（傍線と番号は松沢による）。

今日までのあらゆる社会の歴史は、階級闘争の歴史である。

①自由民と奴隷、都市貴族と平民、領主と農奴、ギルドの親方と職人、要するに②圧制者と被圧制者はつねにたがいに対立して、ときには暗々のうちに、ときには公然と、不断の闘争をおこなってきた。この闘争はいつも、③全社会の革命的改造をもって終るか、そうでないときには相闘う階級の共倒れをもって終った。

マルクスとエンゲルスは、社会をさまざまな「階級」によって形作られるものとしてとらえます。階級とは、土地や労働用具などをだれがどのように所有し、生産物がどのように分配されるのかによって区分けされる人間の集団のことです。つまり、「階級」は経済的な位置によって決定されるものです。

マルクスとエンゲルスはここで、傍線部①のような「階級」の例を挙げていますが、「自由民と奴隷」「都市貴族と平民」という階級はいわゆる古代ギリシア・ローマの社会を念頭に挙げられている例です。同様に、「領主と農奴」「ギルドの親方と職人」はいわゆる中世ヨーロッパの社会をイメージして書かれています。これらの階級は対等なわけではなく、どちらかがどちらかを支配し、搾取する関係にあります。これが傍線部②の「圧制者と被圧制者」、つまり支配階級と被支配階級です。

そして、すべての歴史は階級闘争の歴史だというわけですから、マルクス主義的な歴史理解をとる場合、支配階級と被支配階級の片方だけをとりあげただけでは歴史は書けないことになります。ランケ史学との大きな相違はまずこの点にあります。支配階級の一員である君主や政治家たちの行動を描いていくのでは歴史として不十分で、支配階級と被支配階級の関係が書かれなくてはなりません。傍線部③にあるように、一つの時代が「全社会の革命的改造」によって終わることもある、ということは、被支配階級が、支配階級を打ち倒し、あらたな社会をつくることもあるということですから、そうなるとますます、被支配階級の状態や行動が分析対象とされる必要が生じます。つまり、ランケ史学と異なり、「下から」の歴史が必要とされるのです。

マルクスとエンゲルスは、かれら自身が生きている一九世紀ヨーロッパを、「近代ブルジョア社会」と表現しています。ブルジョア、すなわち資本家が支配階級となり、労働者階級を支配する社会です。このような社会の捉え方、すなわち、近代社会を資本主義社会として把握する捉え方については、第四章の石井寛治論文のところで、すでに説明しました。

そういうわけで、一九世紀ヨーロッパも階級社会であるという点ではこれまでの社会と変わらないのですが、彼らは、この「近代ブルジョア社会」に特別な意味を見出します。ここが、どの時代も神のもとで等しく価値を持つと考えたランケの時代観との大きな違いです。ふたたびマルクスとエンゲルスの述べるところを聞いてみましょう。

しかしわれわれの時代、すなわちブルジョア階級の時代は、階級対立を単純にしたという特徴をもっている。全社会は、敵対する二大陣営、たがいに直接に対立する二大階級――ブルジョア階級とプロレタリア階級に、だんだんとわかれていく。

これまでの社会にはいろいろな階級が存在しえたのに対し、近代ブルジョア社会では、「ブルジョア」（資本家）と、「プロレタリア」（労働者）の二つの階級のみが存在します。工場制工業のもとでは、すべての生産手段を資本家が所有し、労働者は、何も持たずに工場に行って、そこで資本家が所有する機械と原料を使ってモノを生産し、賃金を受け取るだけです（第四章の図をもう一度見てください）。

マルクスとエンゲルスは、こうした「近代ブルジョア社会」は、過去のさまざまな階級社会の、最後に来る時代だと考えました。すべてを所有する資本家と、何も所有しない労働者からなる社会で、被支配階級である労働者が資本家を打ち倒してしまえば、およそ階級というものは消滅してしまいます。「プロレタリアは、革命においてくさりのほか失うべきものをもたない。かれらが獲得するものは世界である。万国のプロレタリア団結せよ！」（『共産党宣言』の末尾の部分）というわけです。

このように、階級社会の歴史の最後の時代である近代は、マルクス主義においては特別な意味を付与されているのです。

†近代、うれしいか、かなしいか

ランケにとって、中世がおわり、宗教改革の時代がはじまったことは、それ自体喜ぶべきことでも悲しむべきことでもありませんでした。なにしろそれはすべて神の意志なのです。第一章でも強調した通り、「それが本来どのようなものであったか」という、後年やや独り歩きした観のあるランケの言葉は、人間には、神が造った歴史をつぶさに見ることしかできないし、それこそが神に仕える道なのだという信仰に立脚していたのです。

一方、マルクスやエンゲルスは神を信じていませんし、それどころか、共産主義者として、資本主義社会に代わる社会を自分たちの手で作ろう、つまり革命を起こそうとしていました。そのような立場から、自分たちの生きている近代、すなわち資本主義社会はどのような社会なのか、自分たちなりの価値判断を示す必要がありました。

マルクス主義における近代の評価は、そもそも二面的なものです。

第一に、それは、近代以前の資本主義と同じく階級社会であり、人間が人間を搾取する社会であるという点で、ろくでもない社会でした。マルクスたちが目指していたことは、近代を終わらせること、それによって階級社会を終わらせることであり、近代の次に来る社会、真に解放された人間の社会を作ることでした。

第二に、それでも近代は、さきほどもふれたように、他の時代とは異なる特別な時代と位置付けられています。近代の到来によって、資本家と労働者に階級が単純化されることによって、ようやく、階級のない次の時代が見えてくるのです。その観点からすれば、まともな社会が(ようやく)生まれる直前まで来た、という点で、他の時代よりマシな時代だということになります。

この二つの側面をまとめて示せばつぎのようになるでしょう。近代はほかの時代と同様にろくでもない社会（階級社会）ではあるのだが、ろくでもなさが極まった（階級対立が単純化され、むき出しになっている）社会であるという点で、ようやくまともな社会への展望が開けた社会である、と。

ふたたび、具体的に『共産党宣言』の一部を引用してみましょう（傍線は松沢による）。

かれら（松沢：ブルジョアジー）は、信心深い陶酔、騎士の感激、町人の哀愁といったきよらかな感情を、氷のようにつめたい利己的な打算の水のなかで溺死させた。……（中略）……一言でいえば、かれらは、宗教的な、また政治的な幻影でつつんだ搾取を、あからさまな、恥知らずな、直接的な、ひからびた搾取と取り代えたのであった。

傍線が引かれている箇所が、マルクスたちが中世の状態として考えているもので、そのあとが、近代の到来によって起こったことです。最初の一文の文字面だけを追えば、マルクスたちは、中世を「きよらかな感情」の時代として肯定し、それが近代になって失われたことを嘆いているようにみえます。しかし、もちろんここには皮肉が含まれており、中世も近代も「搾取」の時代であったが、中世はそれが「幻影」でつつまれていたにすぎない、そして近代の到来によってそうした覆いは取り払われて、搾取そのものが目に見えるようになったのだ、というのが彼らの主張です。

近代を終わらせる革命を目指すマルクスたちからすれば、「中世の方がマシだった」などといってみても仕方がないことで、好むと好まざるとにかかわらず近代はやってきてしまったのだから、それをさっさと終わらせることが重要だ、ということになるでしょう。しかし同時に、マルクス主義のなかには、「資本主義はろくでもない」ことを主張する際に、「中世の方がマシにみえるほどろくでもない」という論法が潜んでいることは、ここに掲げた『共産党宣言』の引用から見て取ることができるでしょう。なお、中世を「近代よりマシ」な時代として回顧する立場はマルクス主義に限らず、一九世紀イギリスには広く見られます（アレクサンダー『イギリス近代の中世主義』）。

†生活水準論争から社会史へ

このような構図を背景にして、二〇世紀のイギリス歴史学界で争われたのが、資本主義社会が本格的に動きはじめたいわゆる産業革命の時期に、イギリス（アイルランドを除くブリテン島が主たる対象）の労働者の生活水準は上がったのか、下がったのかという論争です。生活水準が上がったとする立場が「楽観論」、下がったとする立場が「悲観論」と呼ばれます（松村高夫「イギリス産業革命期の生活水準」「イギリス産業革命期における生活水準論争再訪」）。

この見解の対立は一九世紀から存在していましたが、一九二〇年代に統計データを用いて、産業革命期イギリスで実質賃金の上昇がみられるという研究が発表され、楽観論が強く打ち出されました。これに対して、産業革命の負の側面に注目するマルクス主義歴史家は楽観論が成立しえないことを、別のデータをもって示そうとしました。たとえばE・J・ホブズボームは、同時期に一人当たりの肉の消費量が減少していると主張したのです（『イギリス労働史研究』）。

この論争自体は、統計数値の解釈をめぐる論争であって、必ずしも政治的立場と一対一に対応するものではありません。仮に悲観説に立つとしても、「それに良いも悪いもない、それが神の思し召しで、神の意志は知りようがない」という立場に立つことも可能です。しかし、一般的・世俗的な感覚では、生活水準が上がるのは「良いこと」なので、楽観論者は、「産業革命によって（つまり近代の到来によって）人びとは幸せになったのだ、ゆえに近代は良いものだ」という価値判断を下す傾向にあり、一方、悲観論者は、「近代は人びとの暮らしを悲惨にした、悪いものだ」という立場に与しがち、ということになります。マルクス主義者が悲観論に立ったのはこのためです。

論争それ自体は統計のより精緻な分析へと向かうのですが、その帰趨よりも興味深いのは、楽観論・悲観論の論争のなかで、そもそも、一八世紀末から一九世紀初頭のイギリスでは、労働者自身が「暮らし向きが悪くなった」と感じていた、ということに注目する研究が出現したことです。つまり、「当人たちは悲観論に立っていたことそれ自体を考察の対象にせよ」という主張が、楽観論者に突き付けられたのです。

この問題を提起したのが、本書の「はじめに」でも登場したマルクス主義史家E・P・トムスンです。一九六三年に発表された大著『イングランド労働者階級の形成』のなかで、トムスンは、一八一八年にマンチェスターで起きたストライキで、綿工場労働者が配布した呼びかけ文を長々と引用したのち、次のように記しています（傍線は松沢による）。

労働民衆がこれらの不平不満を十分に感じていたこと——怒りをもって感じていたということ——は、①それだけで十分注目に値する事実である。そして、これは、この時期の最も激しい紛争のいくつかが生計費統計では理解しえない諸問題にかかわっていたということを、否が応でも思い起こさせてくれる。最も激しい怒りを招いた問題は、きわめて多くの場合、直接「パンとバター」にかかわる問題というよりも、②伝統的な慣習、「正義」、「独立」、生活の保障《セキュリティ》、あるいは家族経済《ファミリー・エコノミー》、そうした諸価値を問う問題であった。

後の学者が統計数値をどのように読み解くのかはさておいて、同時代の労働者たちは、その時代に起きた変化に対して不満をもち、怒っていたということそれ自体は、史料から読み取れる事実なのだ、という主張です（傍線部①）。これを、楽観論者である経済史家T・S・アシュトンが、一九四八年に書き記した「仕事にあぶれた人々や腹一杯食えない連中は、彼らの不幸の原因の理論づけに際して、あまり厳正ではありえなかった」という文章（アシュトン『産業革命』）と比較すると、両者の視点の違いは明瞭でしょう。アシュトンは人びとが、間違って怒っている、といっているわけですが、トムスンは、怒っているのは事実だからまずそのことについて考えよう、といっているわけです。どちらが正しいかではなく、二人は別のことを問題にしているのですが、それぞれの問題の立て方の背景には、産業革命に関する「楽観論」と「悲観論」の対立、さらに言えば近代に対する評価の違いが横たわっているのです。

『イングランド労働者階級の形成』という本は、イングランドの働く人たち自身の価値観や行動に即して、一八世紀後半から一九世紀初めのイングランド社会を描写し、その結果、働く人たち自身が現状に不満や怒りを感じていたこと、そのために行動を起こしたこと、その結果人びとが「自分たちは労働者階級だ」という意識を共有するに至る過程を描いています。古典的なマルクス主義では、当人たちがどう思っているかはさておき、その時代の経済の仕組みがわかれば、どの人がどの階級に属するかはおのずから決まる、つまりあとから歴史家が振り返って、「この人たちは○○階級」と決めることができると考えられてきました。たとえば生物の名前を付けるときに、ヤンバルクイナが自分で「私はヤンバルクイナだ」と自覚している必要がないのと同じです。これに対してトムスンは、当事者たちが「階級」として自覚していることが、「階級」成立の条件だ、と考えたわけです。こうしたトムスンの立場は「文化的マルクス主義」とも呼ばれます。

そして、トムスンは、人びとが怒っているのは、「伝統的」な価値観が、資本主義的な経済の仕組みによって破壊されつつあり、それは不正なことだ、と労働者たちが考えていたからだ、と主張します（傍線部②）。トムスンは、経済活動において人びとが守らなければいけないと考えている規範のことを「モラル・エコノミー」と呼び、一九七一年に発表した論文のなかでこの点をさらに掘り下げています。たとえばパンならパンには適切な価格というものがあり、パンの供給量が減ったからといって、パン屋は勝手に価格を引き上げてもよいわけではない、というわけです（"The Moral Economy of the English Crowd in the Eighteenth Century"）。トムスンが「近代以前の方が近代よりマシだった」と考えているわけではないでしょうが、トムスンの歴史叙述は、同時代の人びとは近代を苦しいと感じていた、ということに注目する「悲観論」です。

すでにお気づきの読者もいるでしょうが、これは第五章でみた鶴巻孝雄論文と同じ理屈です。実は鶴巻論文は、日本の西洋史研究者の研究を経由して、トムスンの議論の影響を受けています。そして、やはり第五章でふれたように、このような普通の人びとの規範意識や行動に注目する研究を一般的に「社会史」と呼びますが、イギリスにおける「社会史」は、トムスンの『イングランド労働者階級の形成』の出版を画期として、一つの潮流となってゆきます（松村高夫「イギリスにおける社会史研究とマルクス主義史学」）。イギリスの社会史研究は、マルクス主義と密接にかかわりながら、「下から」の歴史、あるいは

「下から見たときに、近代はどう見えるか」を問う歴史として出発したのです。

†ジェンダーと階級

トムスンの視点は、当時の人びとにとって、資本主義的な近代とはどのようなものとしてみなされており、そうした経験のなかから自分たちが「労働者階級」としての意識をもつようになることを描いた、「下からの」歴史でした。

ところで、この「労働者」ないし「労働者階級」というものが、基本的には「男性の」労働者像にかたよって捉えられているのではないか、という批判が、トムスン以降、フェミニストの立場に立つ歴史家たちから寄せられます。自身も労働史の研究者だったジョーン・スコットは、トムスンの『イングランド労働者階級の形成』の意義を高く評価しながら、「いま『形成』を読み直してみると、叙述のなかに女が登場しないことにではなく、そこでの女の描かれ方のいびつさに驚かされる」と述べています（スコット『ジェンダーと歴史学』）。

何がいびつなのでしょうか。スコットは次のように言います。

この本のなかには、男たちが忙しく働いたり、会合を持ったり、書いたり、話したり、行進したり、機械を打ち壊したり、投獄されたり、警官や判事や首相に勇敢に楯ついたりする場面がどっさり登場する。

トムスンの本に登場する男たちは、国家権力や資本家に対して、自分たちから運動を組織し、抵抗する人びととして描かれている、そうした運動を通じて、自分たちを「労働者階級」として自覚するようになる、そのような歴史が書かれている、というわけです。これに対して女性はどうでしょうか。ひきつづきスコットの述べるところを聞いてみましょう。

女性賃金労働者たちの急進主義は工業化以前の家庭経済にたいするノスタルジアの表現だったと、トムスンは述べている。女たちは「家庭を中心とした生活のあり方」が持っていた「地位や個人の独立性の喪失」を嘆いていたのである……（中略）……女の自立性は労働ではなくそれ以前からある家庭性によって形づくられているため、彼女たちの要求や政治活動は階級の「形成」にあたってそれほど重みを持たなかったというのだ。

つまりこうです。トムスンによれば、資本主義以前の家族では、男性も女性もともに働いており、そこには伝統的な性別役割分業があった（つまり、男性は外で働き、女性は家で家事をする、といった分業ではなく、農家でみられるように、男女がともに役割分担しながら農業に従事するような仕事の仕方があった、ということです）。資本主義はそれを破壊するわけですが、その資本主義の破壊的な力に対して、男性のほうは新たに出現した工場という職場に拠点をもち、新たな運動を組織して抵抗するのに対して、女性のほうは、伝統的な家庭のあり方へのノスタルジアを通じてしか、資本主義への反感を表現できなかった、そのようにトムスンは歴史を描いている、と。

スコットによれば、これはおかしなことです。なぜなら、工場で働く女性は大勢いたのであり、そのこと自体はトムスンも十分に認識していたのに、彼女たちは男性と同様、工場で新しい運動を作り上げてゆく人びととしては扱われていないからです。もし、本当にトムスンの描くように女性の姿が労働者の運動のなかに見えないとすれば、その理由が問われてしかるべきだ、このようにスコットは議論を進めます。

トムスンは、資本主義の時代という意味での近代の到来を、一つの「階級」の形成の歴史として描きました。そのような描き方は、マルクス主義者としてのトムスンの立場と密接にかかわっていることはこれまで論じてきた通りです。一方、スコットは、階級だけではなく、近代という時代が、男性と女性とにそれぞれ異なる形でやってきたこと、つまりジェンダーの視点の必要性を説いています。スコットは、女性が、女性であるがゆえに受けている抑圧から解放されるべきであるというフェミニズムの視点から、トムスンの叙述を批判しているわけです。

†近代さえも来ていない？

ここまでは主としてイギリスを対象とした研究を通じて、「近代」という時代がどのように論じられてきたのかをみてきましたが、日本ではどうだったのでしょうか。

産業革命の本場イギリスでは、ともかく産業革命が起きて近代がやってきたことを前提に、「それでみんな幸せになったのか？」という論争が生じたわけですが、日本の場合、産業革命、あるいは資本主義的な経済の仕組みの成立が、イギリスよりも（またはほかの欧米諸国よりも）、あとの時期に起きたことは疑いようがありません。そこで持ち上がってくるのが「そもそも日本の場合、近代という時代はちゃんと到来していないのではないか」という問いです。

欧米に比べて、日本が十分に「近代的」ではないという感覚、「近代化」したのは表面的、部分的で、深いところで近代以前の要素が強く残っているという感覚は、今日までかなり根強く存在するものです。

こうした感覚を背景としながら、日本のマルクス主義者のあいだで一九二〇年代末から三〇年代にかけて闘わされたのが、「日本資本主義論争」といわれる論争です。

ごく図式的に論争の構図を整理します。日本資本主義論争は、「講座派」と「労農派」という二つの陣営のあいだの論争でした。「講座派」は、一九三二年から三三年にかけて、岩波書店から発行された『日本資本主義発達史講座』という書籍シリーズの執筆者が中心となったグループで、明治維新以降の日本社会は、たしかにある部分では資本主義が発達したとはいえ、近代以前の封建的社会の要素を強く残し、それが資本主義と組み合わさった社会である、と主張しました。

もう一方の陣営「労農派」は、『労農』という雑誌に論文を発表していた論者が多かったのでこのように呼ばれます。彼らは明治維新以降の日本社会は、いろいろな特殊日本的な要因を持つものの、一応は資本主義的な近代社会なのだ、と主張しました。講座派が封建的な要素と考えた日本経済の特徴も、資本主義的なメカニズムの結果として説明できるというのです（たとえば、講座派が封建的な要素とみなした非常に高い小作料は、土地が少ないのに農民が多すぎるという需給関係から説明できる、といった具合です）。

さて、「講座派」の見解を代表する書物が、一九三四年に刊行された山田盛太郎『日本資本主義分析』です。

山田は、日本では資本主義の発達が、自然発生的に起きたのではなく、幕末に外圧によって開国を迫られたということをきっかけとして、政府主導で軍需産業を中心に育成されたことを強調します。その結果、農村社会に広く近代以前の封建的な土地制度が残されることになり、日本資本主義はこうした封建的要素を内に抱え込んだ特異な「半封建的」な資本主義となったのだ、というのです。日本の近代化は「上から」進められ、「上」の部分では一応資本主義化に成功したが、「下から」の自生的なものではなかったので、「下」には近代的でない部分が残った、という構図です。ランケの場合、「上から」のものとして歴史を書くことには何のためらいもなかったわけですが、マルクス主義者山田の場合、本来、近代は「下から」勃興してこなくてはならないので、「上から」の近代化は本来的ではない近代としてとらえられることになります。山田はこれを「特殊的、顚倒《てんとう》的、日本資本主義の、世界史的低位に基く特質」と表現しています。

日本資本主義論争は基本的にはマルクス主義者どうしの論争でしたから、マルクス主義者への弾圧が強まると次第に論争自体が不可能となってゆきます。しかし両者の立場の相違は戦後も継続しました。戦後の日本の近代史研究で、主流となったのはどちらかといえば講座派の立場でした。アジア・太平洋戦争をもたらした原因は、戦前の日本の近代のゆがみにあり、その根を絶たねばならない、という意識が研究者のあいだに強くあったからです。第四章で取り上げた石井寛治の論文も、基本的にはそうした立場に立脚しています。石井論文が、座繰製糸経営は近代的な工場制度につながるようなものではなかったことを立証しようとしているのはそのためです。

第三章で、私は、歴史研究には良くも悪くも流行りすたりがあると述べましたが、戦後の日本近代史研究における講座派的立場は、典型的な研究の「流行り」です。こうした流行りがあるのは悪いことばかりではありません。たとえば、講座派は近代日本に残っている封建的要素として地主制の存在を重視していたため、各地の旧地主の家の蔵に残されていた史料を調査し、そうした史料にもとづいて地主経営を詳細に分析するタイプの研究の蓄積が進みました（小島庸平「農業史」）。

　一方で、先に見たイギリス人のイギリス史研究者たちの「近代」をめぐる議論と、講座派マルクス主義の影響をうけた日本の研究者たちの「近代」をめぐる議論が、ずれていることを確認しておく必要はあるでしょう。イギリスでの議論が「近代は人びとを幸せにしたのか」という問いを背景に持っていたのに対して、日本での議論には、いってみれば「そんな贅沢なことに悩む前に、そもそも日本にちゃんと近代がきたのかどうかが問題だ」という問いが横たわっていたのです。

　ところが、一九六〇年代に入って、日本の高度経済成長が誰の目にも明らかになってくると、一方で、日本の近代はそれなりに成功した近代だったのではないか、という議論が提起されるようになってきます（「近代化論」と呼ばれます）。「日本も近代化したのだから幸せだった」という議論です。こういう議論が出てくると、その段階ではじめて、イギリスにおける「悲観論」に類似した、「近代は人を幸せにしたのか」というタイプの議論が登場します。この時期を代表する研究者が、江戸時代後期から明治期の民衆思想・民衆運動を研究した安丸良夫です。安丸は、一八八四（明治一七）年の秩父事件を分析した一九八四年の論文のなかで、「抑うつ的で緊張にみちた〝近代〟」という表現をつかっています

（安丸良夫「困民党の意識過程」）。この論文は、トムスンのモラル・エコノミー論を援用しながら書かれています。そして、第五章で取り上げた鶴巻孝雄論文と、この安丸論文は同じ年に発表されたもので、研究対象としても、同じ時期に隣接した場所（秩父地域と多摩地域）で起きた民衆運動をそれぞれ扱っています。

3　歴史研究との向き合い方

†立場性と歴史叙述

ここまで、「近代」という時代区分、とりわけマルクス主義的な近代の概念を例にしながら、歴史家をとりまく環境や、歴史家のそれぞれの政治的立場に由来する「歴史についての考え方」が、歴史の書き方にどのような影響を与えるかについて述べてきました。

自分たちが生きている近代は打倒されるべきもので、別の社会のあり方を作り上げなければならないと考える立場の歴史家は、近代の到来が人びとにもたらした苦しみに焦点を当てます。本章では主としてイギリスの労働者を扱いましたが、たとえば列強による植民地支配もまた近代という時代の一側面ですから、植民地で支配された人びとの苦しみに焦点を当てて、近代を描くという歴史叙述もあります。そうした場合、近代とは植民地支配というろくでもないものを生みだした元凶ということになります（「植民地近代性論」ないし「植民地近代論」と呼ばれます。竹内祐介「植民地研究」）。

一方、自分たちが生きている近代資本主義経済の仕組みはこれからも維持されるべき仕組みであると考える立場に立つひとは、人びとに物質的豊かさをもたらした近代の到来を何か良いものとしてとらえがちです。植民地研究においても、植民地時代の経済発展が、たとえば東アジアの、第二次世界大戦後の経済発展の前提となったという見方を取る論者もいます（「植民地近代化論」と呼ばれます。竹内前掲論文）。

本章で紹介したような、「近代」をめぐる議論の応酬から見えてくるのは、歴史の叙述は、時と場所、また歴史家それぞれが持っている「どのような社会が望ましいのか」という将来像と密接にかかわっているということです。

†それでも歴史家の仕事は続く

しかし、だからといって、歴史研究は全部、歴史家の立場に左右されるというわけではありません。第二章・第三章で詳しく見たように、史料にもとづいて歴史を書こうとする限り、歴史家の言えることは史料に制限されます。

たしかに、何を知ろうとして史料を読むのかは歴史家によって異なります。「歴史についての考え方」は、この部分には強く作用します。第一に、どのような種類の史料を読もうとするのかが異なってくるでしょう。経済的な要素を重視する古典的なマルクス主義者は土地台帳や経営帳簿に関心を示すでしょうし、トムスンのような文化的マルクス主義者は、人びとの主張や論理を読み取ることができる要求書や嘆願書を好んで分析するでしょう。また、史料のなかでもどの部分に注目するのかは、やはりそれぞれの「考え方」の影響を受けるでしょう。

それでも、歴史家の書くものなんてしょせん歴史家の思想によって切り取られたもので、読むに値しないなどと考えてしまう必要はありません。もし、その歴史家が、史料にもとづき、それなりにその史料の述べていることを読み取ろうという努力を怠っていない限りは(本書の第三章から第五章でみた論文はいずれもこうした努力の結果として生まれたものです)。

あなたがどのような思想をいだいているにしても、ある論文が、マルクス主義者の書いたものだから、天皇制擁護論者の書いたものだから、フェミニストの書いたものだから等々、その他その歴史家が何か「偏った」考え方をしているから、その論文はそれだけで読むに値しないものである、などということはないのです。一応それなりに史料を読んだ結果として生まれた研究をまえにしたとき、読み手は、マルクス主義者がまじめに史料を読めば、天皇制擁護論者がまじめに史料を読めば、フェミニストがまじめに史料を読めば……、このような歴史が書かれるのだ、という読み方をすることが可能です。そして、書き手の立場は、その研究の外のどこかにあるわけではなく、その書き手が史料を読み、読み取ったことを論文として、あるいは一冊の本として組み立てていくそのやりかたそれ自体のなかにあらわれます（あらわれていないとしたら、それはとりあえずその研究を読む時には関係のないこととして放置しておいてかまわないはずです）。

この本をここまで読んでくださった方には十分すぎるほど明らかだと思うのですが、歴史学、あるいは広く歴史の研究は、歴史家の知りたいことによってさまざまな形をとります。この本ではさまざまな歴史家の仕事を取り上げ、その書きぶりを分析しました。それは、それぞれの歴史家がどのようなタイプの史料を読んでいるのか、歴史家はどのような問いを立て、それにどのように答えているのかを考えるという作業でした。私は、この作業を通じて、それぞれの歴史家が何をやりたいのか、何をやっているのかに意識を向けながら歴史研究を読むやり方の例を示したつもりです。

第一章で述べた通り、歴史というのは、役に立つとか立たないとかいう以前に、うっかりすると「使えてしまう」危険なものです。そうした危険に対応するためには、史料に書いてあることを根拠にしてものを書く専門家としての歴史家がいることは、それなりに重要なことだと私は考えます。

そして、「歴史家はただ史料に書いてあることをそのまま書くだけ」という歴史家像も、「歴史家は特定のイデオロギー的立場から都合の良い歴史を書いているだけ」という歴史家像も、歴史の不用意な使い方によって、社会にトラブルが起きたときには、混乱を増幅させるだけでしょう。

そして、ひとが言葉を用いて何かを述べているとき、その言葉によって語り手・書き手は何をしているのか（たとえば、報告している、説得している、約束している、脅迫している、など）に注意を向け、必要であればその根拠を問うということの重要性は、歴史や歴史学に限ったことではないはずです。言葉に対して、そうした慎重な姿勢を欠いたまま、ただ受け取った言葉に納得したり、それを否定したり、感動したりしているだけでは、時に深刻な言葉のすれ違いが起きるでしょうし、あるいは言葉に踊らされることにもなるでしょう。私は、この本が、私たちが生きていくうえで、「まともに言葉を交わしあう」ための基盤を形成することに、いささかなりとも寄与することができれば、と願っています。

おわりに

この本は、歴史学の方法論としてはやや風変りなスタイルをとっています。改めて、この本の特徴を挙げるとすれば、第一に、歴史学と歴史学以外、とりわけ日常的な実践との地続き性に注目したことです。第二に、そのうえで、歴史学が日常的な実践と何が違うのかということを、実際の歴史家の言葉に即して考えてみたことです。別の言い方をすれば、歴史家が史料を引用しながら言葉をあやつるとき、そこで何がおこなわれているのかということにこだわってみたということになります。

こうしたスタイルは、私自身が、文学部で歴史学を学んだ研究者でありながら、教員としては経済学部で働いていることと無関係ではありません。文学部系統の歴史家が研究の正当性を担保するものと考えている手続きは、一部の経済学者や政治学者からすれば、何ら研究としての基準を満たしていないように見なされるということに、私は直面せざるをえなかったのでした。しかし、文学部系統の歴史学の側にはそうした政治学や経済学の状況への無関心があり、経済学者や政治学者の側では、歴史家たちがどのように知見の妥当性を確保しつつ研究を進めているのかが見えていないように思われました。

そうしたときに、私の導きの糸となったのは、社会学の一潮流である、エスノメソドロジーという方法論でした。エスノ＝人びとの、メソドロジー＝方法論、という名を持つこの研究手法は、「それぞれの実践に参加している人びと（メンバー）が使っている「人びとの方法論」の名前であると同時に、それをとおして実践を記述する研究の名前」（前田泰樹・水川喜文・岡田光弘編『ワードマップ　エスノメソドロジー』）でもあります。つまり、「人びとはどのような方法で自分たちのやっていることを組織するのか」ということに着目しようという研究なのです。

エスノメソドロジーが歴史学の方法論と関係があるのは、第一に、歴史家もまた、まず研究対象となる過去の人びとが、どのように実践を組織化しているのか、その方法にとりわけ関心を寄せているからです。歴史家たちはしばしば「研究対象の外から何かの理論を当てはめようとしてはいけない」と言うのですが、そのときに、では何をやろうとしているのかといえば、それはエスノメソドロジーが目指しているもの――「人びとの方法論」の記述――と似たような何かではないかと思います。この本の第一章・第二章ではJ・

L・オースティンの言語哲学（言語行為論）を参考にしていますが、これもエスノメソドロジーを経由して摂取したものです。

第二に、エスノメソドロジーは、科学者の実践に着目した研究の蓄積を有していることです。そこでは、例えば天文学者が「脈動星（パルサー）を発見した」ときに、実際には天文学者たちは何をしているのか、といった研究がなされていました。これと同様に、歴史家が何かがわかったと考えるときに、実際には何をしているのかを説明することは、歴史学の成果を——たとえば新書などの形で——読む読者にも、あるいは歴史学以外の分野の研究者にも、無用な誤解を生じさせないために必要であると私は考えました。

そのようなわけで、私はこの本の執筆にあたり、エスノメソドロジーにもとづく共同研究の組織やエスノメソドロジーの普及活動に尽力してこられた酒井泰斗氏に相談し、酒井氏を世話人として執筆進捗報告会を組織していただきました。報告会は、三年間、計一五回開催され、参加していただいた方の総数は三〇名、社会学・歴史学・哲学など多分野の専門家が含まれていました。とりわけ、継続的に、あるいは最後までお付き合いくださった次のみなさまにはここにお名前を挙げて感謝の意を表したいと思います。

赤江達也氏、赤江雄一氏、井頭昌彦氏、池田真歩氏、小澤実氏、加島卓氏、加藤秀一氏、木下竜馬氏、河野有理氏、坂井晃介氏、酒井泰斗氏、佐藤雄基氏、住田朋久氏、苗村弘太郎氏、成田まお氏、朴沙羅氏、前田泰樹氏、柳原伸洋氏、吉川浩満氏。

毎回の報告会では、私が生煮えの報告をするか、原稿を読んでいただくかして、みなさまから貴重なコメントと励ましを頂戴しました。もちろん内容の責任はすべて私にありますが、このような、稀にみる恵まれた環境なくしてこの本を書き上げることはできなかったと思います。深く御礼申し上げます。

振り返れば、井手英策氏・宇野重規氏・坂井豊貴氏との共著『大人のための社会科』（有斐閣、二〇一七年）のなかの、私の担当章をご覧になった筑摩書房の橋本陽介氏が、新書の執筆をお勧めくださったのは二〇一八年のことでした。その後、何度も執筆に行き詰まり、先述のような進捗報告会を経て原稿ができあがる過程で、橋本氏には繰り返し原稿を読んでいただき、ご助言を頂戴しました。長い時間がかかってしまいましたが、それに価する本であることを願うばかりです。

二〇二四年七月

松沢裕作

参考文献一覧

※外国語文献からの引用に際しては、訳文を改変した場合がある。

はじめに

E・P・トムスン他（近藤和彦・野村達朗編訳）『歴史家たち』（名古屋大学出版会、一九九〇年）

第一章

J・L・オースティン（丹治信春・守屋唱進訳）『知覚の言語――センスとセンシビリア』（勁草書房、一九八四年）
大沼宜規『考証の世紀――十九世紀日本の国学考証派』（吉川弘文館、二〇二一年）
岡崎敦「文書形式学」（高山博・池上俊一編『西洋中世学入門』東京大学出版会、二〇〇五年）
尾上陽介『日本史リブレット三〇　中世の日記の世界』（山川出版社、二〇〇三年）
小野将「近世後期の林家と朝幕関係」（『史学雑誌』一〇二―六、一九九三年）
笠松宏至『徳政令――中世の法と慣習』（講談社学術文庫、二〇二二年）
ブリュノ・ガラン（大沼太兵衛訳）『アーカイヴズ――記録の保存・管理の歴史と実践』（白水社、二〇二一年）
岸田達也『ドイツ史学思想史研究』（ミネルヴァ書房、一九七六年）
G・P・グーチ（林健太郎・林孝子訳）『十九世紀の歴史と歴史家たち（上）（下）』（筑摩書房、一九七一、七四年）
小宮木代良「江戸幕府右筆所日記について」（佐藤孝之・三村昌司編『近世・近現代　文書の保存・管理の歴史』勉誠出版、二〇一九年）
佐藤進一『新版　古文書学入門』（法政大学出版局、一九九七年）

佐藤真一『ランケと近代歴史学の成立』（知泉書館、二〇二二年）
杉本博司『苔のむすまで』（新潮社、二〇〇五年）
千葉敏之「神聖なる祖国愛は魂を奮い立たせる――ポスト啓蒙期における中世史研究とC・F・アイヒホルン」（立石博高・篠原琢編『国民国家と市民――包摂と排除の諸相』山川出版社、二〇〇九年）
マイネッケ（岸田達也訳）『近代史における国家理性の理念Ⅰ・Ⅱ』（中公クラシックス、二〇一六年）
村岡晢『レーオポルト・フォン・ランケ――歴史と政治』（創文社、一九八三年）
安村直己「エゴ・ドキュメントの「厚い」読解――ラテンアメリカ史研究の経験から」（長谷川貴彦編『エゴ・ドキュメントの歴史学』岩波書店、二〇二〇年）
ランケ（鈴木成高・相原信作訳）『世界史概観――近世史の諸時代』（岩波文庫、一九四一年）
ランケ（山中謙二訳）『ランケ選集　ローマ的・ゲルマン的諸民族史（上）』（千代田書房、一九四八年）
ランケ（小林栄三郎訳）「歴史と政治の類似と相違について」（『ランケ選集　歴史・政治論集』千代田書房、一九四八年）
ランケ（村岡晢訳）「政治対談」（『ランケ選集　歴史・政治論集』千代田書房、一九四八年）

第二章

笠松宏至『法と言葉の中世史』（平凡社ライブラリー、一九九三年）
佐藤進一『新版　古文書学入門』（法政大学出版局、一九九七年）
佐藤孝之・宮原一郎・天野清文『近世史を学ぶための古文書「候文」入門』（吉川弘文館、二〇二三年）
佐藤雄基「御成敗式目の現代語訳はどうして難しいのか」（『立教史学』五、二〇二二年）
佐藤雄基『御成敗式目――鎌倉武士の法と生活』（中公新書、二〇二三年）
松沢裕作「逓信省における女性の雇員と判任官――貯金部局を中心に　一九〇〇年～一九一八年」（『国立歴史民俗博物館研究報告』二三五、二〇二二年）

第三章
阿部謹也『自分のなかに歴史をよむ』（ちくま文庫、二〇〇七年）
ヴィンデルバント（篠田英雄訳）『歴史と自然科学　道徳の原理に就て　聖』（岩波文庫、一九三六年）
勝田政治「征韓論政変と国家目標」（『社会科学討究』四一―三、一九九六年）
勝田政治『内務省と明治国家形成』（吉川弘文館、二〇〇二年）
ダグラス・クタッチ（相松慎也訳）『現代哲学のキーコンセプト　因果性』（岩波書店、二〇一九年）
久米郁男『原因を推論する――政治分析方法論のすゝめ』（有斐閣、二〇一三年）
高橋秀直「征韓論政変の政治過程」（『史林』七六―五、一九九三年）
戸田山和久『科学哲学の冒険――サイエンスの目的と方法をさぐる』（NHKブックス、二〇〇五年）
F・マイネッケ（菊盛英夫・麻生建訳）『歴史主義の成立（上）（下）』（筑摩書房、一九六八年）
スティーヴン・マンフォード、ラニ・リル・アンユム（塩野直之・谷川卓訳）『哲学がわかる　因果性』（岩波書店、二〇一七年）
桃木至朗『市民のための歴史学――テーマ・考え方・歴史像』（大阪大学出版会、二〇二二年）
ランケ（鈴木成高・相原信作訳）『世界史概観――近世史の諸時代』（岩波文庫、一九四一年）

第四章
石井寛治「座繰製糸業の発展過程――日本産業革命の一断面」（『社会経済史学』二八―六、一九六三年）
石井寛治『日本蚕糸業史分析――日本産業革命研究序論』（東京大学出版会、一九七二年）
マルクス、エンゲルス（大内兵衛・向坂逸郎訳）『共産党宣言』（岩波文庫、一九五一年）

第五章

色川大吉「困民党と自由党」（『自由民権の地下水』岩波書店、一九九〇年）
竹岡敬温・川北稔編『社会史への途』（有斐閣、一九九五年）
鶴巻孝雄「近代成立期の民衆運動・試論——武相困民党の社会的願望を中心に」（『歴史学研究』五三五、一九八四年）
鶴巻孝雄「民衆運動の社会的願望——民衆運動史試論」（『近代化と伝統的民衆世界——転換期の民衆運動とその思想』東京大学出版会、一九九二年）
藤野裕子「民衆史・社会史1「民衆」の歴史叙述」（松沢裕作・高嶋修一編『日本近・現代史研究入門』岩波書店、二〇二二年）

第六章

T・S・アシュトン（中川敬一郎訳）『産業革命』（岩波文庫、一九七三年）
マイケル・アレクサンダー（野谷啓二訳）『イギリス近代の中世主義』（白水社、二〇二〇年）
井手英策ほか『大人のための社会科』（有斐閣、二〇一七年）、第三章「時代——時代を分けることと捉えること」（松沢裕作執筆）
岡崎勝世『世界史とヨーロッパ——ヘロドトスからウォーラーステインまで』（講談社現代新書、二〇〇三年）
ピーター・ゲイ（鈴木利章訳）『歴史の文体』（ミネルヴァ書房、一九七七年）
小島庸平「農業史　なぜ地主制が重要だったのか」（松沢裕作・高嶋修一編『日本近・現代史研究入門』岩波書店、二〇二二年）
ジョーン・W・スコット（荻野美穂訳）『三〇周年版　ジェンダーと歴史学』（平凡社ライブラリー、二〇二二年）
竹内祐介「植民地研究　「植民地性」を探究する学問」（松沢裕作・高嶋修一編『日本近・現代史研究入門』岩波書店、二〇二二年）

竹岡敬温・川北稔編『社会史への途』(有斐閣、一九九五年)
エドワード・P・トムスン(市橋秀夫・芳賀健一訳)『イングランド労働者階級の形成』(青弓社、二〇〇三年)
E. P. Thompson "The Moral Economy of the English Crowd in the Eighteenth Century" *Customs in Common. Studies in Traditional Popular Culture*, New York: The New Press, 1993.
E・J・ホブズボーム(鈴木幹久・永井義雄訳)『イギリス労働史研究』(ミネルヴァ書房、一九六八年)
松村高夫「イギリス産業革命期の生活水準——ハートウェル=ホブズボーム論争を中心として」(『三田学会雑誌』六三—一二、一九七〇年)
松村高夫「イギリスにおける社会史研究とマルクス主義史学」(『歴史学研究』五三二、一九八四年)
松村高夫「イギリス産業革命期における生活水準論争再訪(上)(下)」(『三田学会雑誌』八二—二、八三—一、一九八九、九〇年)
マルクス、エンゲルス(大内兵衛・向坂逸郎訳)『共産党宣言』(岩波文庫、一九五一年)
ロンルド・L・ミーク(田中秀夫監訳、村井路子・野原慎司訳)『社会科学と高貴ならざる未開人』(昭和堂、二〇一五年)
安丸良夫「困民党の意識過程」(『思想』七二六、一九八四年)
山田盛太郎『日本資本主義分析——日本資本主義における再生産過程把握』(岩波文庫、一九七七年)
ランケ(鈴木成高・相原信作訳)『世界史概観——近世史の諸時代』(岩波文庫、一九四一年)
ランケ(渡辺茂訳)『宗教改革時代のドイツ史I・II』(中公クラシックス、二〇一五年)

おわりに

前田泰樹・水川喜文・岡田光弘編『ワードマップ　エスノメソドロジー——人びとの実践から学ぶ』(新曜社、二〇〇七年)

ちくま新書
1815

歴史学《れきしがく》はこう考《かんが》える
二〇二四年九月一〇日　第一刷発行

著者　松沢裕作（まつざわ・ゆうさく）
発行者　増田健史
発行所　株式会社　筑摩書房
東京都台東区蔵前二-五-三　郵便番号一一一-八七五五
電話番号〇三-五六八七-二六〇一（代表）
装幀者　間村俊一
印刷・製本　三松堂印刷　株式会社

ISBN978-4-480-07640-3 C0221

ちくま新書

601 法隆寺の謎を解く　武澤秀一

世界最古の木造建築物として有名な法隆寺は、創建・再建の動機を始め多くの謎に包まれている。その構造から古代史を読みとく、空間の出来事による「日本」発見。

713 縄文の思考　小林達雄

土器や土偶のデザイン、環状列石などの記念物は、縄文人の豊かな精神世界を語って余りある。著者自身の半世紀近い実証研究にもとづく、縄文考古学の到達点。

1300 古代史講義 ――邪馬台国から平安時代まで　佐藤信編

古代史研究の最新成果と動向を一般読者にわかりやすく伝えるべく15人の専門家の知を結集。列島史の全体像が1冊でつかめる最良の入門書。参考文献ガイドも充実。

1391 古代史講義【戦乱篇】　佐藤信編

日本の古代を大きく動かした15の戦い・政争を最新研究に基づき正確に叙述。通時的に歴史展開を見通すとともに、時代背景となる古代社会のあり方を明らかにする。

1480 古代史講義【宮都篇】　佐藤信編

飛鳥の宮から平城京・平安京などの都、太宰府、平泉まで古代の代表的宮都を紹介。最新の発掘・調査成果をもとに都市の実像を明らかにし、古代史像の刷新を図る。

1497 人事の古代史 ――律令官人制からみた古代日本　十川陽一

報復左遷、飼い殺し、飼い慣らし……。天皇を中心に国を統治をするために様々な人の差配が必要となった。国家の礎となる官人とその支配制度に光を当てた一冊。

1555 女帝の古代王権史　義江明子

古代天皇継承は女系と男系の双方を含む「双系」的なものだった。卑弥呼、推古、持統らに焦点を当て古代王権史を一望。男系の万世一系という天皇像を書き換える。

734
寺社勢力の中世
——無縁・有縁・移民
伊藤正敏
最先端の技術、軍事力、経済力を持ちながら、同時に、国家の論理、有縁の絆を断ち切る中世の「無縁」所。第一次史料を駆使し、中世日本を生々しく再現する。

1369
武士の起源を解きあかす
——混血する古代、創発される中世
桃崎有一郎
武士はどこでどうやって誕生したのか。日本を長期間統治した彼らのはじまりは「諸説ある」として不明とされていた。古代と中世をまたぎ、日本史最大級の謎に挑む。

1378
中世史講義
——院政期から戦国時代まで
高橋典幸／五味文彦編
日本史の先端研究者の知を結集。政治・経済・外交・社会・文化など十五の重要ポイントを押さえるかたちで中世史を俯瞰する。最新の論点が理解できる、待望の通史。

1567
氏名の誕生
——江戸時代の名前はなぜ消えたのか
尾脇秀和
私たちの「氏名」はいつできたのか？　明治政府が行った改革が、江戸時代の常識を破壊し大混乱を巻き起こす。気鋭の研究者が近世・近代移行期の実像を活写する。

1576
埴輪は語る
若狭徹
巫女・馬・屋敷等を模した様々な埴輪。それは古墳に飾り付けられ、治世における複数のシーンを組み合わせて再現して見せ、「王」の権力をアピールしていた。

1790
道鏡
——悪僧と呼ばれた男の真実
寺西貞弘
称徳天皇に重用された奈良時代の僧侶、道鏡は本当に女帝に取り入り皇位さえうかがう野心家だったのか。様々な謎に包まれ悪評にまみれた時代の寵児の実像に迫る。

1683
嘉吉の乱
——室町幕府を変えた将軍暗殺
渡邊大門
足利義教の恐怖政治や理不尽な人事などから、自業自得、前代未聞の犬死といわれた室町将軍暗殺の全貌。のちの下克上の時代にもつながる幕府と守護の関係変化。

ちくま新書

618
百姓から見た戦国大名
黒田基樹
生存のために武器を持つ百姓。領内の安定に配慮する大名。乱世に生きた武将と庶民のパワーバランスとは――。戦国時代の権力構造と社会システムをとらえなおす。

692
江戸の教育力
高橋敏
江戸の教育は社会に出て困らないための、「一人前」になるための教育だった！ 文字教育と非文字教育が一体化した寺子屋教育の実像を第一人者が掘り起こす。

1144
地図から読む江戸時代
上杉和央
空間をどう認識するかは時代によって異なる。その違いを象徴するのが「地図」だ。古地図を読み解き、日本の形を作った時代精神を探る歴史地理学の書。図版資料満載。

1219
江戸の都市力
――地形と経済で読みとく
鈴木浩三
天下普請、参勤交代、水運網整備、地理的利点、統治システム、所得の再分配……地形と経済の観点を中心として、未曾有の大都市に発展した江戸の秘密を探る！

1294
大坂　民衆の近世史
――老いと病・生業・下層社会
塚田孝
江戸時代に大坂の庶民に与えられた「褒賞」の記録を読みとくと、今は忘れられた市井の人々のドラマが見えてくる。大坂の町と庶民の暮らしがよくわかる一冊。

1767
仕事と江戸時代
――武士・町人・百姓はどう働いたか
戸森麻衣子
戦国時代の終焉で、劇的な経済発展をした江戸時代。それを支える労働も多様になった。現代の働き方にも結びつくその変化を通して、江戸時代を捉えなおす。

1469
近世史講義
――女性の力を問いなおす
高埜利彦編
第一線の実証史学研究者が最新研究に基づき江戸時代の実像に迫る。特に女性が持った力と果たした役割を多角的に検証。通史としても読める全く新しい形の入門書。

ちくま新書

1359
大坂城全史
――歴史と構造の謎を解く
中村博司

豊臣秀吉、徳川家康・秀忠など、長きにわたり権力者たちの興亡の舞台となった大坂城を、最新の研究成果に基づき読み解く、通説を刷新する決定版通史！

650
未完の明治維新
坂野潤治

明治維新は〈富国・強兵・立憲主義・議会論〉の四つの目標が交錯した「武士の革命」だった。それは、どう実現されたのだろうか。史料で読みとく明治維新の新たな実像。

948
日本近代史
坂野潤治

この国が革命に成功し、わずか数十年でめざましい近代化を実現しながら、やがて崩壊へと突き進まざるをえなかったのはなぜか。激動の八〇年を通観し、捉えなおす。

1002
理想だらけの戦時下日本
井上寿一

格差・右傾化・政治不信……戦時下の社会は現代に重なる。その時、日本人は何を考え、何を望んでいたのか？体制側と国民側、両面織り交ぜながら真実を描く。

1096
幕末史
佐々木克

日本が大きく揺らいだ激動の幕末。そのとき何が起き、何が変わったのか。黒船来航から明治維新まで、日本の生まれ変わる軌跡をダイナミックに一望する決定版。

1293
西郷隆盛
――手紙で読むその実像
川道麟太郎

西郷の手紙を丹念に読み解くと、多くの歴史家がその人物像を誤って描いてきたことがわかる。徹底した考証に基づき生涯を再構成する、既成の西郷論への挑戦の書。

1379
都市空間の明治維新
――江戸から東京への大転換
松山恵

江戸が東京になったとき、どのような変化が起こったのか？　皇居改造、煉瓦街計画、武家地の転用など空間の変容を考察し、その町に暮らした人々の痕跡をたどる。